ELISSAVET PATRIKIOU

LUNCH-KARAWANE

FOODTRUCKS **REZEPTE** UND **GESCHICHTEN**

MATTHAES VERLAG GMBH
Ein Unternehmen der dfv Mediengruppe

Vorwort

EIN GOURMET-EXPRESS ROLLT DURCH DAS LAND

SIE SIND BUNT BEMALT, AUFWENDIG AUSGEBAUT UND TRETEN MEIST IN GRUPPEN AUF: FOODTRUCKS SIND ECHTE HINGUCKER. AN BORD HABEN SIE TOLLE KÖCHE, AUSGEFALLENE INTERNATIONALE REZEPTE UND NEUE KONZEPTE.

Die meisten Trucks spezialisieren sich auf ein bestimmtes Gericht oder auf eine regionale Küche. Andere konzentrieren sich auch auf ein bestimmtes Lebensmittel und bieten es in verschiedenen Variationen an. Ob deutsche Hausmannskost oder exotische Gerichte aus fernen Ländern, ob Klassiker oder Eigenkreation: Erlaubt ist, was schmeckt. Was alle Gastronomen eint, ist der hohe Anspruch an Qualität und Originalität. Sie verwenden möglichst frische Produkte von lokalen Bauern, Bäckern, Metzgern, Konditoreien, Kaffeeröstern oder Bio-Märkten. So schaffen sie etwas Neues: eine Esskultur, die auf Genuss und Nachhaltigkeit setzt, die anspruchsvoll, aber nicht verkrampft, sondern locker und lässig ist. Foodtrucks bieten Fast Food, das alles ist: gesund, individuell, günstig und vor allem lecker! Für viele Jungköche – ausgebildete oder Hobbyköche – sind sie ein ideales Sprungbrett. Sie geben ihnen die Möglichkeit, ohne hohe Investition in eine Ladenfläche ihr Kochtalent zu präsentieren und sich einen Kundenstamm aufzubauen.

Ihren Ursprung hat die Bewegung in den USA, wo Foodtrucks an jeder Straßenecke ihr Essen verkaufen. Über Berlin kam der Trend in unsere Breitengrade. Rund 130 verschiedene Trucks, Kleinbusse und Trailer gibt es laut Schätzungen aktuell in Deutschland. Und es werden jeden Tag mehr. Sie stehen auf Märkten und Stadtfesten, vor Clubs oder bei Musik- und Sport-Festivals. Aber auch in Gewerbegebieten oder auf den Parkplätzen von Großunternehmen, wo sie den Mitarbeitern mit ihrem Essen die Mittagspause versüßen.

Foodtrucks holen das Leben auf die Straße. Sie verbinden Menschen, verbreiten Freude und erweitern den kulinarischen Horizont. Viele der Trucks ziehen gemeinsam als „Lunch-Karawane" durch die Städte. Dabei rotieren sie jeden Tag den Standort. Ihre jeweilige Position geben die Trucks über die sozialen Netzwerke bekannt.

„Lunch-Karawane. Foodtrucks mit ihren Rezepten und Geschichten" versammelt ausgewählte Trucks der Karawane und zeigt ihre originellen Gerichte. Es stellt die Menschen hinter den Trucks in Wort und Bild vor, ihre Biografien und ihre Visionen. So entsteht ein vielschichtiges Bild eines der aufregendsten Koch-Phänomene unserer Zeit.

3	**VORWORT**
7	**INTERVIEW**
13	**KIEZWAGEN BLANK**
16	Rotkohl mit Feldsalat, Apfel, Walnüssen & Parmesan
19	Grüner Kartoffelsalat
20	Rote-Linsen-Salat mit Aprikosen & Rucola und Gurken-Minz-Dressing
22	Selbst gebackenes Rote-Bete-Brot
25	Hummus-Sandwich mit rotem Brot
26	Nicht-Mamas Kartoffelsalat
27	Pikante Karotten-Süßkartoffel-Suppe mit Orange
29	Avocadocreme
29	Rote-Bete-Creme
30	Zucchini-Bread mit Creme-Topping & Hagebuttenpulver
33	**VINCENT VEGAN**
37	Vincent-Vegan-Burger
40	Quinoa-Salat mit Räuchertofu à la Felix
44	Mohnkuchen à la Áli
47	**BEET IN THE BOX**
51	Smoothie "Ahoi, Popeye!"
52	Smoothie „Berry Bomb"
55	Salat „Superfood Warrior"
56	Sunshine-„Souper"-Star
59	Vegane Bollywood-Bowl
61	Blueberry Blitz – Unser kleiner Cupcake
63	**HACKBARON**
69	Hells Kitchensandwich
70	Fighting Irish Burger
74	The Baron Sandwich
76	Sauce Bolognese
79	Caesar Salad

Inhaltsverzeichnis

81 KIEZKÜCHE
- 84 Bánh mì mit marinierter Rinderhüfte
- 87 Bánh mì mit Curry-Kokos-Huhn
- 91 Lachsburger
- 94 Süßkartoffel-Pommes mit nussigem Ziegenfrischkäse
- 96 Quark-Tiramisu mit Beeren-Ragout
- 96 Klassisches Tiramisu

99 MEXIKO-STRASSE
- 102 Tacos de Cochinita Pibil
- 105 Tacos de Cecina
- 106 Guacamole
- 111 Elotes
- 113 Salsa de Cacahuate
- 114 Quesadillas Caseras de Frijoles Refritos

117 PANI SMAK
- 121 Pierogi mit Paprika
- 123 Bigos
- 124 Pierogi mit Sauerkraut und Steinpilzen
- 127 Barszcz
- 129 Zurek
- 130 Baiserkuchen

133 SOUL FOOD TRUCK
- 136 Fleisch „Poor Boy" (Sandwiches)
- 141 Soul Salad Cheese
- 143 Prawn Étouffée
- 144 Jambalaya
- 147 Whiskey-Schoko-Muffins
- 148 Café au lait „New Orleans Style"
- 148 New Orleans Style Irish Coffee

151 MASSIMOS PIZZAMOBIL
- 154 Melanzane alla parmigiana
- 157 Involtini di zucchine
- 159 Pizza-Grundteig
- 160 Pizza Boscaiola
- 163 Pizza Costiera
- 164 Tiramisu
- 166 Panna cotta con salsa di fragole

169 KAYSERI MANTI
- 172 Mercimek
- 175 Grundteig für Teigspeisen
- 176 Kiymali Börek
- 178 Manti
- 181 Gözleme
- 182 Pide
- 183 Kisir
- 184 Butterkuchen

187 HOLY DOGS
- 190 Der Klassiker
- 193 Sauce & Eingelegte Gurken
- 194 Fruchtig-feurige Tomaten-Salsa
- 197 Santa Maria
- 198 Notre Damager
- 201 Omas Apfel-Rosmarin- Kompott
- 201 Kandierte Walnüsse

203 FRAU DR. SCHNEIDER'S GRILLED CHEESE WONDERLAND
- 206 Sauerteigbrot
- 210 The Mighty Pastrami Reuben
- 213 Bacon Jam Grilled Cheese
- 214 Curried Cauliflower & Kimchi Grilled Cheese
- 216 Classic Melted Onion Grilled Cheese
- 219 Bacon Mac´n Cheese Grilled Cheese

221 DANK

223 REGISTER

224 IMPRESSUM

Interview Elissavet & Jochen

ESSEN AUF RÄDERN

OB BURGER, PIZZA ODER SUPPE, ASIATISCHE TEIGROLLEN, MEXIKANISCHE TACOS ODER VEGANE GERICHTE: BEI DER LUNCH-KARAWANE IST FÜR JEDEN GESCHMACK WAS DABEI. DIE IDEE: VERSCHIEDENE FOODTRUCKS FAHREN JEDEN TAG EINEN ANDEREN STANDORT AN UND VERSORGEN DORT DIE UMLIEGENDEN UNTERNEHMEN MIT IHREN KÖSTLICHKEITEN. ERFINDER JOCHEN MANSKE UND KOCHBUCHAUTORIN ELISSAVET PATRIKIOU ERZÄHLEN, WIE ALLES ENTSTAND UND WARUM DIE MOBILEN KANTINEN EIN KULINARISCHER SEGEN SIND.

WANN UND WIE ENTSTAND DIE IDEE ZUR LUNCH-KARAWANE?

Jochen: Das war Ende 2013. Ich arbeitete als Projektmanager in einer Mediaagentur. Eines Mittags hielt „The Big Balmy" vor unserem Büro. Das war damals der erste Foodtruck in Hamburg überhaupt. Von den Besitzern erfuhr ich, dass es Probleme mit geeigneten Stellplätzen für die Trucks gibt. Anders als in den USA dürfen Foodtrucks bei uns ja nicht einfach an der Straße halten und ihr Essen verkaufen. Ich bot an, bei der Suche zu helfen. Da ich die Idee super fand, in der Mittagspause einfach vor die Türe zu gehen und gleich dort leckeres Essen zu finden, kam mir die Idee für die Karawane: Mehrere Trucks, die reihum verschiedene Standorte anfahren – und damit eine mobile Alternative zur Kantine darstellen.

DIE ERSTE HALTESTELLE WURDE DANN IM MAI 2014 ERÖFFNET. WELCHE AUFGABEN MUSSTEN BIS DAHIN ERLEDIGT WERDEN?

Jochen: Zunächst habe ich viel recherchiert. Ich bin mit dem Rad durch die Stadt gefahren und habe mir verschiedene potenzielle Stellflächen angesehen. Das war anfangs gar nicht so leicht. Es müssen nämlich private Flächen sein, die öffentlich zugänglich sind. Außerdem brauchen sie einen Stromanschluss und etwa 600 bis 800 potentiell mittagshungrige Menschen im fußläufigen Umfeld. Wichtig ist auch, dass das gastronomische Angebot in ihrer Umgebung eher dünn ist. Plätze zu finden, die alle Kriterien erfüllen, hat seine Zeit gebraucht. Parallel dazu habe ich Trucks ausgewählt, die zur Karawane passen.

NACH WELCHEN KRITERIEN VERLÄUFT DIESE AUSWAHL DER TRUCKS?

Jochen: In erster Linie entscheidet natürlich die Qualität des Essens. Es sollte frisch und gesund sein, nachhaltig zusammengestellt und originell zubereitet sein. Außerdem interessiert mich der Ansatz, die Motivation der Menschen dahinter. Wenn es ausschließlich ums Geschäft geht, ist das zu wenig. Wir wählen Leute aus, die mit viel Leidenschaft und Liebe kochen. Und am Ende zählt natürlich auch die Vielfalt. Ich versuche, eine bunte Mischung verschiedener Gerichte aus aller Welt zusammenzustellen. Deshalb haben exotische Küchen bessere Chancen als die nächste Burger-Bude.

ELI, DU HAST SCHON MEHR ALS ZEHN KOCHBÜCHER GEMACHT – MAL ALS FOTOGRAFIN, MAL ALS AUTORIN. WAS HAT DICH AN DIESEM BUCH GEREIZT?

Elissavet: Ich war von Anfang an fasziniert von der Idee „Lunch-Karawane". Zumal ich schon lange sehr gerne bei Kayseri Manti esse und mich einfach in ihr Essen verliebt habe. Als ich die beiden Inhaberinnen und ihre Geschichte im Laufe der Zeit etwas näher kennengelernt habe, fand ich, dass man dies unbedingt dokumentieren und festhalten müsste. Und das gilt auch für alle anderen Trucks der Lunch-Karawane. Es sind durchweg Leute mit besonderen Biografien und grandiosen Kochideen. Eines Abends saßen wir auf einem Foodtruck-Festival zwischen all den Gästen und schauten uns das bunte Treiben an. Da wusste ich, dass ich dieses Buch gemeinsam mit Marion Schreiber, einer Gestalterin, die meine Bildsprache versteht und Sebastian Meissner, der wunderbare Texte schreibt, umsetzen wollte.

ELI UND JOCHEN, WIE HABT IHR EUCH KENNENGELERNT?

Elissavet: Jochen ist ja ein Pionier der Foodtruck-Bewegung. Was er aufgebaut und geleistet hat, kann man gar nicht genug würdigen. Schon lange bevor wir uns trafen, hatte ich in diesem Zusammenhang von ihm gehört. Bei den Truck-Inhabern ist er sehr beliebt, weil er immer den richtigen Ton trifft und ein zuverlässiger Ansprechpartner und Ratgeber ist. Wir haben uns von Anfang an gut verstanden.

Jochen: Als ich Elis Fotos sah, war ich sofort begeistert. Eli fotografiert nicht einfach, sie erzählt Geschichten. Ihre Bilder sind gefühlvoll und ausdrucksstark und sie bringt eine riesige Begeisterungsfähigkeit mit. Das gefällt mir und hat mich sofort angesteckt. Außerdem teilen wir beide das Interesse an den Menschen hinter den Trucks, an ihren Geschichten und kulinarischen Konzepten. Die Chemie hat von Anfang an gestimmt.

WAS SIND DIE VORTEILE VON FOODTRUCKS GEGENÜBER GEWÖHNLICHEN KANTINEN?

Jochen: Es geht uns gar nicht darum, die Qualität von Kantinen in Frage zu stellen. Aber Foodtrucks sind mehr als nur Essenslieferanten. Mit ihnen bekommt Essen einen viel höheren Stellenwert. Die Menschen auf den Trucks sind hochmotiviert, sie bringen ein positives Lebensgefühl mit und machen den Alltag bunter. Und sie erweitern den kulinarischen Horizont. Bei ihnen gibt es Gerichte aus allen Ecken der Welt, neu und einzigartig interpretiert. Das können Großküchen in Konzernen so kaum leisten. Unternehmen, die einen Foodtruck auf ihr Firmengelände bestellen, bieten ihren Mitarbeitern somit eine viel höhere Vielfalt und ein Erlebnis.

Elissavet: Ein anderer Vorteil ist der soziale Aspekt. Die Leute stehen beim Essen draußen an der frischen Luft. Das hat einen ganz anderen Charakter als die Atmosphäre in einer geschlossenen Kantine. Außerdem kommt man dabei schneller ins Gespräch. So lernen sich vielleicht auch Leute aus dem Unternehmen kennen, die ansonsten wenig miteinander zu tun haben.

Jochen: So ein bisschen sind Foodtrucks die Raucherpause für Nichtraucher.

Elissavet: Am Ende profitieren alle: Die Unternehmen, die ihren Mitarbeitern etwas bieten, ohne dabei ein Risiko eingehen zu müssen. Die Trucks, weil sie ihr Essen verkaufen und natürlich die Gäste, die all das gute Essen kosten dürfen. Nicht nur als Kantinenersatz für den Mittagstisch sind Foodtrucks sehr beliebt. Es gibt immer mehr Events, auf denen sie zu finden sind.

Interview Elissavet & Jochen

WAS IST DAS BESONDERE AN EINEM FOODTRUCK-EVENT?

Jochen: Das ist der ideale Ort, wenn man neues Essen probieren will. Es gibt viele verschiedene Angebote. Das Essen ist gut, es ist frisch, es ist günstig und es wird auf Wunsch in kleinen Probierhappen serviert. Singles und Vielbeschäftigte nutzen diese Street-Food-Märkte, weil ihnen fürs Einkaufen und Kochen oft Lust und Zeit fehlen. Aber auch für größere Gruppen, die sich nicht auf eine Küche einigen können, sind die Festivals ideal. Hier kann jeder nach Geschmack bestellen und alle können vom anderen probieren. Das ist ein sehr geselliges Miteinander, eine ganz besondere Stimmung. Ganz nebenbei hat man eine hohe Chance, einen künftigen Erfolgskoch in seinen Anfangstagen kennenzulernen.

Elissavet: Ich glaube, dass dieser soziale Aspekt ganz entscheidend ist. In meiner Heimat Griechenland zum Beispiel, ist es völlig normal, gemeinsam an einem großen Tisch zu Abend zu essen und dabei zu reden und sich auszutauschen. In Deutschland ist das viel seltener der Fall. Bei den Foodtruck-Festivals lernen sich die Menschen kennen und kommen miteinander ins Gespräch. Das hat etwas von Familie.

IHR HABT VIEL MIT DEN KÖCHEN UND MITARBEITERN IN DEN TRUCKS GESPROCHEN. WAS SIND DAS FÜR MENSCHEN, DIE AUF EINEM TRUCK KOCHEN?

Jochen: Foodtrucker sind in der Regel sehr offene Menschen, kreative Köpfe mit viel Fantasie und einer hohen Arbeitsbereitschaft. Sie haben hohe Ansprüche an ihre Arbeit und verwenden keine Fertig-, sondern meist Bio-Produkte. Viele sind Idealisten, die mit ihrer Arbeit die Welt ein Stück besser machen wollen – etwa wenn sie ihre Kunden für das Thema Nachhaltigkeit sensibilisieren. Ich zum Beispiel habe mir früher wenig Gedanken über die Herkunft meines Essens gemacht. Das hat sich durch die Lunch-Karawane komplett geändert.

Elissavet: Typisch ist auch die chronisch gute Laune. Die haben oft viel Stress, arbeiten auf engem Raum und sind trotzdem immer locker, immer gut drauf. Das ist faszinierend. Außerdem sind viele Köche echte Virtuosen und tolle Gastgeber, die einem das Gefühl geben, wirklich willkommen zu sein.

WIRD ES FOODTRUCKS AUCH IN ZEHN JAHREN NOCH GEBEN ODER IST DAS NUR EIN VORÜBERGEHENDER TREND?

Jochen: Einige Trucks wird es in Zukunft nicht mehr geben, andere kommen neu dazu. Der Markt bewegt sich eben. Alles in allem bin ich überzeugt, dass wir erst am Anfang dieser Bewegung stehen. Es entstehen zur Zeit in vielen Städten – auch in den kleineren – neue Foodtruck-Konzepte und Events. Das wird sich durchsetzen und bleiben. Ich selbst plane aktuell ein Event mit Trucks aus allen Teilen Deutschlands und einigen Nachbarländern. Die Foodtruck-Szene wird immer vielfältiger.

Elissavet: Foodtrucks sind auch für Gastronomen ideal. Sie können ihr Konzept testen und ganz frei von einer Erwartungshaltung kreativ sein. Die Ladenmieten in den Innenstädten sind teilweise unbezahlbar. Ein Truck kostet da deutlich weniger und bietet mehr Spielraum. Auch deshalb wird der Markt in Zukunft weiter bestehen.

Jochen: Ein weiterer Vorteil ist schließlich auch, dass die Teams in einem Truck viel spontaner auf die Wünsche ihrer Gäste reagieren können. Viele verändern je nach Standort ihre Karte. Der tägliche Kontakt und Austausch zwischen Koch und Kunde gibt ihnen ein viel direkteres Feedback. Das drückt sich dann auch in der hohen Qualität des Essens aus.

KIEZWAGEN BLANK

GUTES ESSEN, GUTES TUN

Der „Kiezwagen Blank" bietet herzhafte und süße vegetarische und vegane Spezialitäten. Betreiberin Franka beweist mit ihrem Konzept, dass man genussvoll schlemmen kann, ohne viel Müll zu produzieren.

KIEZWAGEN BLANK

Es sind alarmierende Zahlen: Jedes Jahr landen fast sieben Millionen Tonnen Plastikmüll in unseren Meeren. In jedem Quadratkilometer Meer schwimmen heute bis zu 46.000 Plastikteile. Sie verdrecken nicht nur die Umwelt, sondern bedrohen auch ganze Tierarten – und indirekt auch die Gesundheit des Menschen. Das Problem: Plastik ist besonders langlebig. Und günstig. Deshalb werden noch immer die meisten Verpackungen aus Kunststoff hergestellt.

DAS NACKTE VERGNÜGEN

Bei Foodtrucks ist das oft nicht anders. Auch sie produzieren viel Müll. Franka wollte da nicht mitmachen. „Ich habe schon immer gesund und nachhaltig gelebt und auch reflektiert konsumiert. Das haben mir meine Eltern so beigebracht. Mein Ansatz war es daher, einen Foodtruck zu betreiben, ohne viel Abfall zu produzieren", sagt die 36-jährige Berlinerin. Für ihren „Kiezwagen Blank" nutzt sie deshalb ausschließlich Mehrweg-Geschirr. Blank ist hier ganz im Sinne von pur und nackt gemeint; Suppen werden in Mehrweggläsern herausgegeben, ihre Gäste motiviert sie dazu, eigenes Tupper-Geschirr mitzubringen. Wer sich daran hält, bekommt dafür jedes zehnte Essen umsonst. „Unsere Idee kommt super an und die meisten machen mit. Außerdem regen wir zum Nachdenken an. Das war mir wichtig", sagt Franka. Dabei will sie gar nicht missionieren, sondern begeistern. Zum Beispiel mit leckeren Speisen: Der Kiezwagen Blank bietet wöchentlich wechselnde herzhafte Gerichte an – darunter diverse Tagessuppen und Quiches, Belugalinsen mit Sellerie, Apfel und Trauben oder Focaccia mit selbstgemachten Dips und Kürbis, Zucchinibrot oder Salate. Dazu viele Süßspeisen wie hausgemachte Kuchen und anderes Gebäck. Es gibt Bio-Kaffee, selbst kreierte Limonade oder Milchreis mit Birnenkompott. Die Zutaten für die Gerichte stammen größtenteils aus der Region oder aus eigenem Anbau: „Letztes Jahr hatten wir ein eigenes Feld in Rudow, auf dem wir das Gemüse für unser Essen angebaut und geerntet haben", sagt Franka.

Franka hat viele Talente. Sie war erfolgreiche Leistungssportlerin, hat BWL studiert und arbeitet bis heute erfolgreich in der Werbung. Ihre Berufung aber ist das Kochen. Ursprünglich wollte sie ein eigenes vegetarisches Café eröffnen. Vor fünf Jahren schrieb sie dafür einen Businessplan. Wegen der hohen laufenden Kosten entschied sie sich aber dagegen – und hatte schließlich die Idee für den „Kiezwagen Blank". Als passendes Gefährt wählte sie einen silbernen Citroen HY, Baujahr 1966. „Der Wagen passt perfekt zu mir. Er hat was Familiäres und sehr Gemütliches", sagt sie. Innen wurde das Auto liebevoll mit Holz ausgebaut und mit einer modernen Küche versehen. Hinten befindet sich eine Art Ladentheke. Dort finden Kunden eine Auswahl an Lebensmitteln wie Müsli, Nüsse, Nudeln oder Reis, die ebenfalls ohne Verpackung direkt am Truck gekauft werden können. Wie früher im Tante-Emma-Laden.

KLARE BOTSCHAFT

„A tasteful world without plastic" – unter diesem Motto fährt der „Kiezwagen Blank" seit November 2014 verschiedene Kieze in Berlin an. Die Botschaft ist klar: Wer sich und der Welt Gutes tun will, muss einfach nur Gutes essen. Und am besten eigenes Geschirr mitbringen.

ROTKOHL MIT FELDSALAT, APFEL, WALNÜSSEN & PARMESAN

FÜR 4 – 5 PORTIONEN

1 kleiner Rotkohl (etwa 800 g)
4 Handvoll Feldsalat
2 Frühlingszwiebeln
2 Äpfel (leicht säuerlich)
Meersalz
frisch gemahlener Pfeffer
1 TL Birnensenf
4 EL Olivenöl
2 EL heller Essig
Saft von ½ Zitrone
1 TL Ahornsirup
100 g Walnüsse
100 g Parmesan

Den Kohl vierteln und in feine Streifen schneiden, dann waschen. Feldsalat waschen und zupfen oder schneiden. Die Frühlingszwiebeln in feine Ringe schneiden und waschen, die Äpfel waschen und kleine Stücke schneiden.

Für das Dressing 1 TL Meersalz, etwas Pfeffer, Birnensenf, Olivenöl, Essig und Zitronensaft sowie Ahornsirup dazugeben, anschließend Kohl, Frühlingszwiebeln und Äpfel dazugeben, mischen und abschmecken.

Walnüsse und Parmesan grob hacken und über den Salat geben (oder alle Zutaten untermischen, je nach Belieben). Wer eine leichte orientalische Note mag, würzt noch mit Baharat (Mischung aus Kreuzkümmel, Paprika, Koriander, Chili, Muskatnuss, Kardamom, Zimt, Nelken und schwarzem Pfeffer). Dazu reicht man am besten frisches, selbst gebackenes Brot.

GRÜNER KARTOFFELSALAT

FÜR 4–5 PORTIONEN

Einen großen Topf mit Wasser auf den Herd stellen, die Kartoffeln schälen, vierteln und 15–20 Minuten kochen, dann abkühlen lassen. Frühlingszwiebeln und Staudensellerie waschen und in Ringe schneiden, die Äpfel waschen und in Würfel schneiden. Die Kichererbsen einmal abspülen und alles zu den abgekühlten Kartoffeln geben.

Die Kräuter waschen und klein schneiden. Die Gurke schälen und ebenfalls klein schneiden. Mit den restlichen Zutaten, bis auf die Sesamsamen, in einen Mixer geben und zu einem cremigen Dressing verarbeiten. In eine separate Schüssel füllen, die Sesamsamen untermischen, dann das Dressing mit den restlichen Zutaten vermengen und mit Salz und Pfeffer abschmecken.

TIPP

Ein Dressing frisch aus dem Mixer ist so schön cremig. Durch das Zerhäckseln der Kräuter werden noch einmal viel intensivere Aromen freigesetzt. Die Gurke verleiht extra Frische und eine besondere Note.

FÜR DEN SALAT

- 1 kg fest kochende Kartoffeln
- 2 Frühlingszwiebeln
- 4 Staudensellerie
- 2 Äpfel
- 400 g Kichererbsen, gekocht und abgetropft

FÜR DAS DRESSING

- frische Kräuter (zum Beispiel Basilikum, Petersilie, Schnittlauch, die Spitzen des Staudenselleries)
- 1 Gartengurke
- 4 TL heller Essig
- 6 TL Olivenöl
- 1 TL Agavendicksaft
- ungeschälte Sesamsamen
- Salz und frisch gemahlener Pfeffer

ROTE-LINSEN-SALAT MIT APRIKOSEN & RUCOLA UND GURKEN-MINZ-DRESSING

FÜR 4 – 5 PORTIONEN

FÜR DEN SALAT

500 g rote Linsen
Olivenöl
1 rote Zwiebel
6 Aprikosen
2 Bund Rucola
100 g geröstete Nüsse
  oder Mandeln
Honig

FÜR DAS DRESSING

5 EL Olivenöl
2 EL heller Essig
etwas Birnensenf
  (oder anderer süßer Senf)
1 TL Agavendicksaft
¼ Bund Minze
3 dicke unbehandelte
  Salatgurkenscheiben
  mit Schale
Salz und Pfeffer

Die roten Linsen einmal gründlich waschen und etwa 15 Minuten in Salzwasser unter ständiger Kontrolle aufkochen. Bei Bedarf etwas Wasser nachgießen. Etwas Olivenöl zu den fertig gekochten Linsen geben, gut durchrühren und abkühlen lassen.

Die Zwiebel schälen und mit den Aprikosen in kleine Würfel schneiden. Den Rucola waschen, die Stängel etwas kürzen und halbieren. Alles unter die Linsen heben. Die Nüsse oder Mandeln in einer Pfanne mit etwas Honig goldbraun rösten.

Alle Zutaten für das Dressing in einen Mixer geben und nach Belieben abschmecken. Dressing und geröstete Nüsse zum Salat geben und unterheben.

SELBST GEBACKENES ROTE-BETE-BROT

FÜR 1 KASTENFORM VON 25 CM LÄNGE

100 g gekochte Rote Bete
100 g Walnüsse, Haselnüsse oder Kürbiskerne (alternativ: eine Mischung aus allem)
300 g Weizenvollkornmehl
2 TL Backpulver
1 Pck. Trockenhefe oder 1 Würfel frische Hefe
½ TL Salz
1 TL Zucker
frisch gemahlener schwarzer Pfeffer
350 ml Rote-Bete-Saft
1 TL frisch geriebener Ingwer
4 EL Pflanzenöl (kann man auch weglassen)
1 Handvoll ungeschälte Sesamsamen
Butter für die Backform

Die Rote Bete in kleine Würfel schneiden. Die Nüsse in grobe Stücke hacken. Eine Kastenform einfetten und warm stellen. Das Mehl mit Backpulver und Hefe verkneten. Dann Salz, Zucker, etwas Pfeffer, Rote-Bete-Saft, Ingwer und Öl dazugeben und kräftig durchkneten, sodass ein Teig entsteht. Rote Bete und Nüsse untermischen. Den Teig in die Form füllen und die Oberfläche mit einem Messer etwa 1 cm tief einschneiden, die Samen hineinstreuen. Die Form mit einem leicht feuchten Küchentuch abdecken und etwa 1 Stunde an einem warmen Ort gehen lassen.

In der Zwischenzeit den Backofen auf 200 °C Ober-/Unterhitze (180 °C Umluft) vorheizen und auf den Herdboden ein mit heißem Wasser gefülltes weites Gefäß stellen. Das Brot in den Ofen schieben und etwa 40 Minuten backen, danach im Ofen auskühlen lassen. Zwischendurch immer wieder mit der Stäbchenprobe testen, ob noch Teig daran haftet, oder ob es bereits fertig gebacken ist.

TIPP

Mit geriebenen Karotten wird der Teig noch saftiger! Außerdem kann anstatt Zucker auch Honig oder Agavendicksaft verwendet werden.

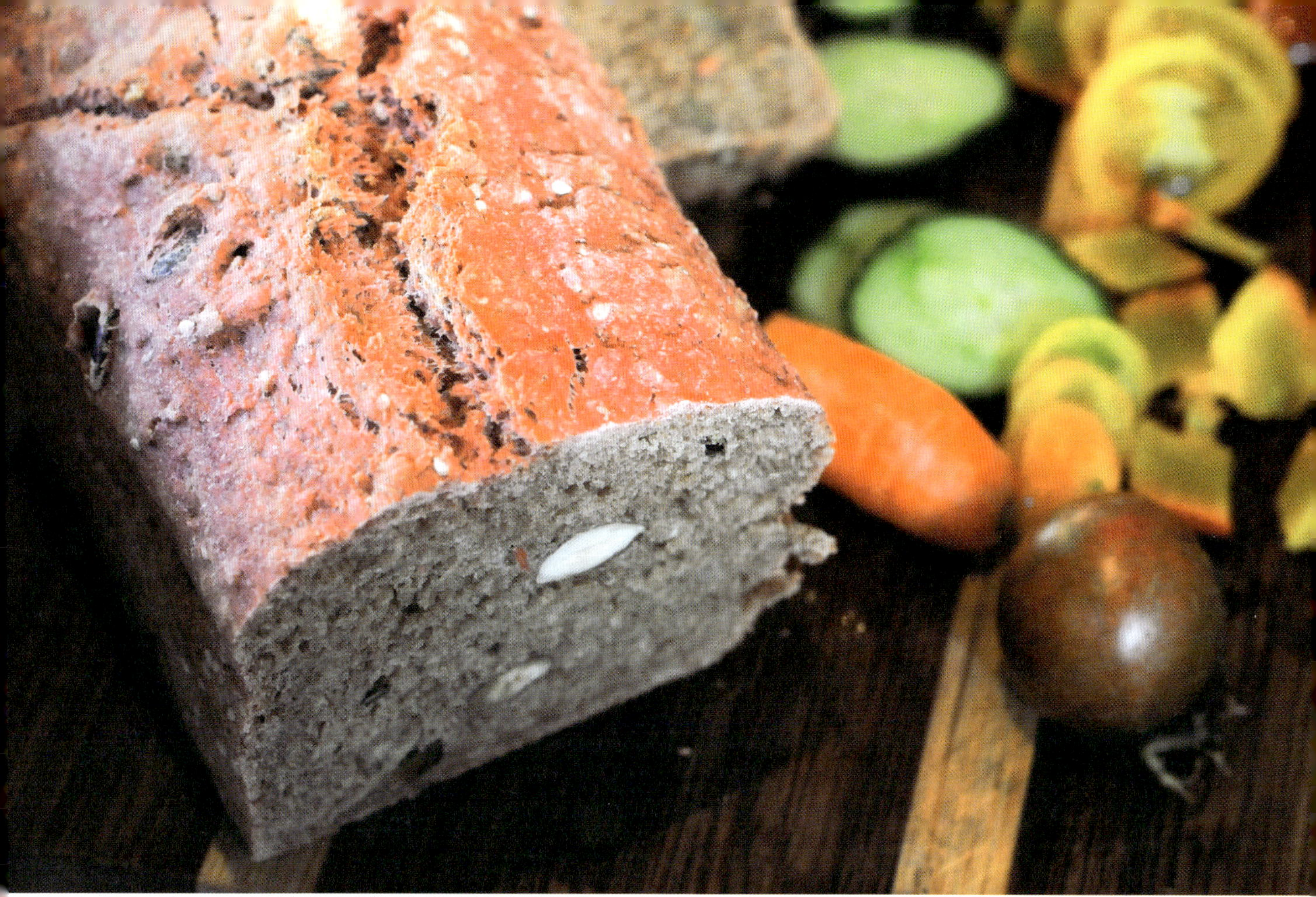

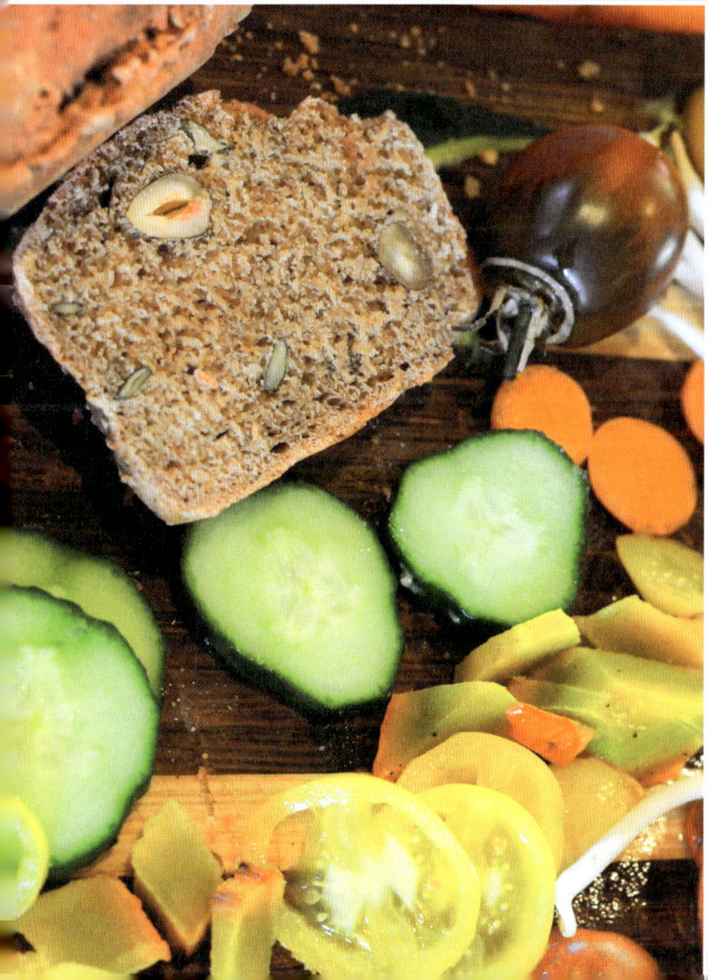

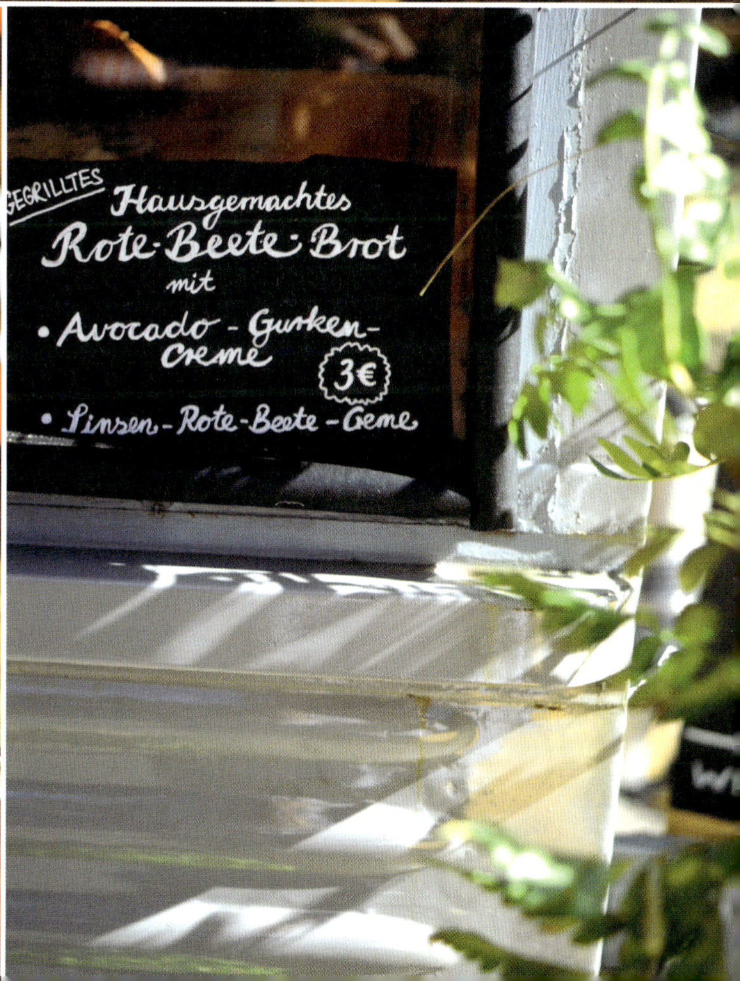
GEGRILLTES
Hausgemachtes
Rote-Beete-Brot
mit
• Avocado-Gurken-Creme
3€
• Linsen-Rote-Beete-Creme

HUMMUS-AVOCADO-SANDWICH MIT ROTEM BROT

FÜR 2 PORTIONEN

Für den Hummus alle Zutaten miteinander im Standmixer oder mit einem Mixstab zu einer Paste verarbeiten. Das Brot in Scheiben schneiden, mit dem Hummus bestreichen, dann jeweils etwas Apfel und Karotte darüberraspeln, mit Sprossen, etwas Sesam und frischer Petersilie verfeinern. Zum Schluss etwas frisch gemahlenen Pfeffer darübergeben. Fertig!

Wer möchte kann das Brot vorher leicht kross grillen (entweder in der Pfanne oder auf einem Grill). Das Sandwich kann natürlich mit unterschiedlichen selbst gemachten Pasten zubereitet werden: lecker schmecken zum Beispiel Avocado-Basilikum-Creme oder Rote-Bete-Rotkohl-Honig-Creme oder Süßkartoffel-Kräuter-Quark-Creme…

HUMMUS

400 g Kichererbsen, gekocht und abgetropft
1 Avocado, geschält, ohne Kern
2 kleine Knoblauchzehen, gepresst
4 EL Tahin (Sesampaste)
2 TL Kreuzkümmel
Salz und frisch gemahlener schwarzer Pfeffer
Zitronensaft nach Geschmack

2 Äpfel
2 Karotten
Sprossen
ungeschälte Sesamsamen
frische Petersilienblätter

Rote-Bete-Brot (siehe Seite 22)

NICHT-MAMAS KARTOFFELSALAT

FÜR 3 – 4 PORTIONEN

FÜR DEN SALAT

2 große Süßkartoffeln
Salz und Pfeffer
1 TL Kurkuma, gemahlen
1 TL Zimt
1,5 Tassen gekochte Quinoa
Kerne von ½ Granatapfel
½ Tasse Pinienkerne
1 Bund Rucola
Sprossen nach Wunsch

FÜR DAS DRESSING

2 – 3 TL Tahin (Sesampaste)
3 TL Olivenöl
1 TL heller Essig
1 TL Honig
1 Knoblauchzehe

Den Ofen auf 180 °C vorheizen. Die Süßkartoffeln waschen, in kleine Stücke schneiden und leicht mit Salz, Pfeffer, Kurkuma und Zimt würzen. Für 30 – 40 Minuten im Ofen backen und zwischendurch immer wieder testen, ob die Süßkartoffeln schon weich genug sind, sie sollten allerdings nicht zu weich werden.

Die Quinoa mit Granatapfelkernen und Pinienkernen mischen. Den Rucola waschen, die harten Stiele entfernen, etwas klein schneiden und dazugeben.

Für das Dressing Tahin, Olivenöl, Essig und Honig mischen und zum Schluss die Knoblauchzehe hineinpressen. Gut mischen und über die Quinoamischung gießen. Die warmen Süßkartoffeln unterrühren und nach Wunsch mit Sprossen dekorieren.

TIPP

Soll nochmal einer behaupten, Kartoffelsalat sei altbacken und deutsch. Die orientalisch interpretierte Version ist durchaus salonfähig!

PIKANTE KAROTTEN-SÜßKARTOFFEL-SUPPE MIT ORANGE

FÜR 3 – 4 PORTIONEN

Knoblauch und Ingwer schälen, dann klein schneiden und zusammen mit der roten Currypaste leicht in Öl anbraten. Karotten und Süßkartoffel waschen und klein schneiden. Dazugeben und kurz anbraten. Nach etwa 1 Minute so viel Gemüsebrühe angießen, bis das Gemüse leicht bedeckt ist. Alles etwa 20 Minuten weich kochen und anschließend mit einem Mixstab zu einer cremigen Suppe verarbeiten. Die Orangen auspressen und den Saft unterrühren, dann mit den Gewürzen abschmecken, fertig! Wer möchte, kann die Suppe mit Sahne oder Kokosmilch verfeinern. Ich mag die Suppe am liebsten mit Kokosmilch und ein paar Korianderblättern.

1 Knoblauchzehe
1 etwa daumengroßes Stück frischer Ingwer, geschält
1 TL rote Currypaste (vorsichtig, sehr scharf)
Pflanzenöl
1 Bund Karotten
1 mittelgroße Süßkartoffel
Gemüsebrühe
2 frische Orangen
1 Prise Kardamom
1 Prise Muskat
1 Prise Currypulver
Salz und frisch gemahlener schwarzer Pfeffer
Sahne oder Kokosmilch
frischer Koriander oder glatte Petersilie

DIPS & AUFSTRICHE

AVOCADOCREME

FÜR 3 – 4 PORTIONEN

Die Avocados halbieren, den Kern entfernen, das Fruchtfleisch mit den restlichen Zutaten in einen leistungsstarken Standmixer geben und zu einer Paste mixen. Anschließend gut abschmecken. Wer es orientalisch mag, würzt zusätzlich mit Kreuzkümmel und frischem Koriander.

2 reife Avocados
1 Becher saure Sahne
 oder 1 Pck. Frischkäse
Saft von 1 Zitrone
Salz und Pfeffer

ORIENTALISCHE VARIANTE

½ Bund Koriander
 (ohne Stängel)
1 TL gemahlener Kreuzkümmel

ROTE-BETE-CREME

FÜR 4 – 6 PORTIONEN

Die Rote Bete schälen und in kleine Stücke schneiden. In einen Topf geben und mit Wasser bedecken. Einen Deckel auf den Topf setzen und 45 Minuten kochen lassen. Verbliebenes Wasser abgießen und die gekochte Rote Bete mit den restlichen Zutaten in einen leistungsstarken Standmixer geben. Zu einer Paste mixen und anschließend gut abschmecken.

500 g mittelgroße
 Rote Beten
30 g frischer Meerrettich
150 g Frischkäse
Saft von 1 Zitrone
frische Basilikumblätter
Salz und Pfeffer

ZUCCHINI-BREAD MIT CREME-TOPPING UND HAGEBUTTENPULVER

FÜR 1 KASTENFORM VON 25 CM LÄNGE

Für das Brot

270 g Mehl
 + etwas mehr für die Form
½ TL Backpulver
½ TL feines Salz
2 TL Zimt
100 g brauner Zucker
 (alternativ nur 50 g und etwas Agavendicksaft)
50 g weißer Zucker
 (kann man auch weglassen)
150 ml Pflanzenöl (z. B. Rapsöl)
3 Eier (für eine vegane Variante kann man sie auch weglassen)
Mark von ½ Vanilleschote
1 große oder 2 kleine Zucchini
Butter für die Backform

Für das Topping

2 Becher Schmand
2 TL Zimt
2 EL Honig
etwas Hagebuttenpulver

Den Ofen auf 180 °C vorheizen. Die Kastenform entweder mit Butter einfetten und mit etwas Mehl ausstreuen oder einfach Backpapier verwenden. Das Mehl mit Backpulver, Salz, Zimt und Zucker und anschließend Öl, Eiern und Vanillemark mischen. Die Zucchini waschen und mit einer nicht zu feinen Reibe zum Teig raffeln und gründlich unter den Teig mischen. Den Teig in die vorbereitete Form geben und etwa 50 Minuten (je nach Backofen auch länger) backen. Aus dem Ofen nehmen und abkühlen lassen. Das Zucchini-Bread ist schön saftig und schmeckt auch ohne Creme-Topping vorzüglich.

Für das Creme-Topping Schmand mit Zimt und Honig vermischen und das Brot damit bestreichen. Etwas Hagebuttenpulver gibt den letzten Kick. Wer möchte, kann auch Nüsse aller Art in den Teig geben oder das Creme-Topping damit bestreuen.

DIE FAST-FOOD-REVOLUTION

Bei Vincent Vegan gibt es klassisches Fast-Food ganz ohne tierische Produkte. Das ist so gut, dass viele Kunden ihre Ernährung grundlegend umstellen.

VINCENT VEGAN

Dort, wo Christian geboren ist, gehört Fleisch zu einem guten Essen dazu. Das war schon immer so. Für den sympathischen Bartträger aber fühlt sich das nicht richtig an. Vor fünf Jahren zieht er die Konsequenz und beschließt, fortan keine Tiere mehr zu essen. Zunächst ernährt er sich vegetarisch, später vegan. „Ich mache das aus ethischen Gründen. Ich bin davon überzeugt, dass der Mensch in der heutigen Zeit keine anderen Lebewesen mehr essen muss – und es auch nicht sollte", sagt er.

Die Entscheidung verändert sein Leben grundlegend. Christian fühlt sich nicht nur wohler und gesünder, er verbessert auch seine Kochkünste. Als er seine erste eigene vegane Currywurst mit den Fleischersatzprodukten Tofu und Seitan zubereitet, ist er restlos begeistert. „Die Konsistenz und der herzhafte Geschmack sind wie bei einer normalen Currywurst, aber meine liegt nicht schwer im Magen", sagt Christian. Er wünscht sich, dass möglichst viele Menschen seine Kreation probieren. Und so entsteht die Idee zu Hamburgs erstem veganen Foodtruck. Christian ist so begeistert von der Vorstellung, dass er dafür seinen Job als Unternehmensberater im Finanzwesen aufgibt. „Meine Familie dachte natürlich, ich drehe jetzt komplett durch", sagt er. Aber sein Entschluss steht fest.

ALLE MITARBEITER LEBEN VEGAN

Seit Juni 2014 ist „Vincent Vegan" nun auf Hamburgs Straßen unterwegs. Erst mit einem, inzwischen mit zwei Trucks. Der Name – angelehnt an den von John Travolta gespielten Pulp Fiction-Charakter „Vincent Vega" – ist Ausdruck von Christians Begeisterung für Gangster- und Mafia-Filme. Auf dem Truck arbeiten nur Leute, die sich ebenfalls vegan ernähren. Die Stimmung ist ausgelassen. Neben der Wurst braten Christian und sein Team auch vegane Burger (Beef- oder Chicken Style) sowie normale Fritten und Süßkartoffel-Pommes. „Unser Essen ist klassisches Fast Food. Es ist deftig und herzhaft. Niemand muss auf seinen Genuss verzichten. Aber unser Essen ist gesünder und nachhaltiger", sagt er. Das liegt auch am weitgehenden Verzicht auf Zucker, etwa bei den Brötchen oder den selbst gemachten Saucen (Ketchup, Mayo, Knoblauch-Kurkuma und demnächst BBQ). Das Konzept überzeugt: In Windeseile hat „Vincent Vegan" ein großes Stammpublikum. Darunter befinden sich nicht nur Sowiesoschon-Veganer, sondern auch passionierte Fleischesser. „Viele von ihnen machen sich durch unser Essen zum ersten Mal Gedanken über ihren Fleischkonsum und schränken ihn ein. Einige haben sogar ganz aufgehört, Fleisch zu essen", sagt Christian. Sein Motto: Überzeugen mit Geschmack, nicht mit Argumenten. „Wir wollen, dass möglichst viele Menschen Teil der Geschichte von „Vincent Vegan" werden, dass sie Vincents Veg-Gefährten sind und ihn auf dieser Reise begleiten", sagt Christian.

Auf besonders fruchtbaren Boden stößt sein Angebot bei den Heimspielen des FC St. Pauli. Im Millerntorstadion ist „Vincent Vegan" seit der Saison 2015/16 mit einem eigenen Stand vertreten, an dem es exklusiv vegane Hot Dogs gibt. „Vincent Vegan und St. Pauli – das passt einfach zusammen", sagt Chris, der im nächsten Jahr einen dritten Truck ins Rennen schicken will. Mit Topi hat er den passenden Geschäftspartner gefunden, um die Fast-Food-Revolution weiter voranzutreiben.

Gut isst der, es Food!

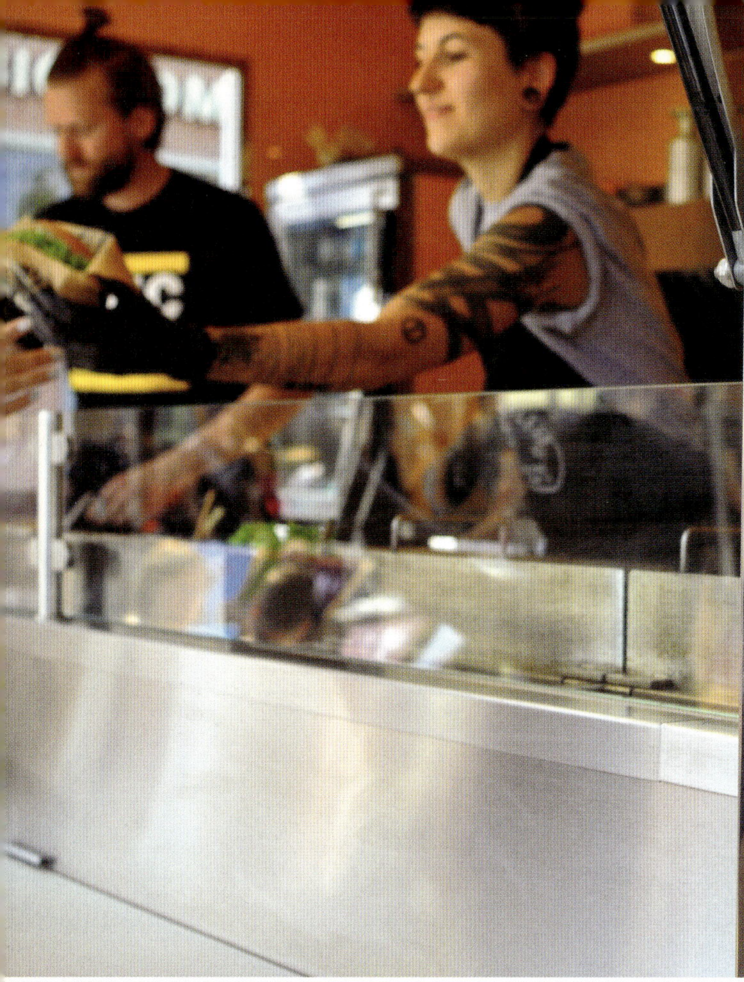

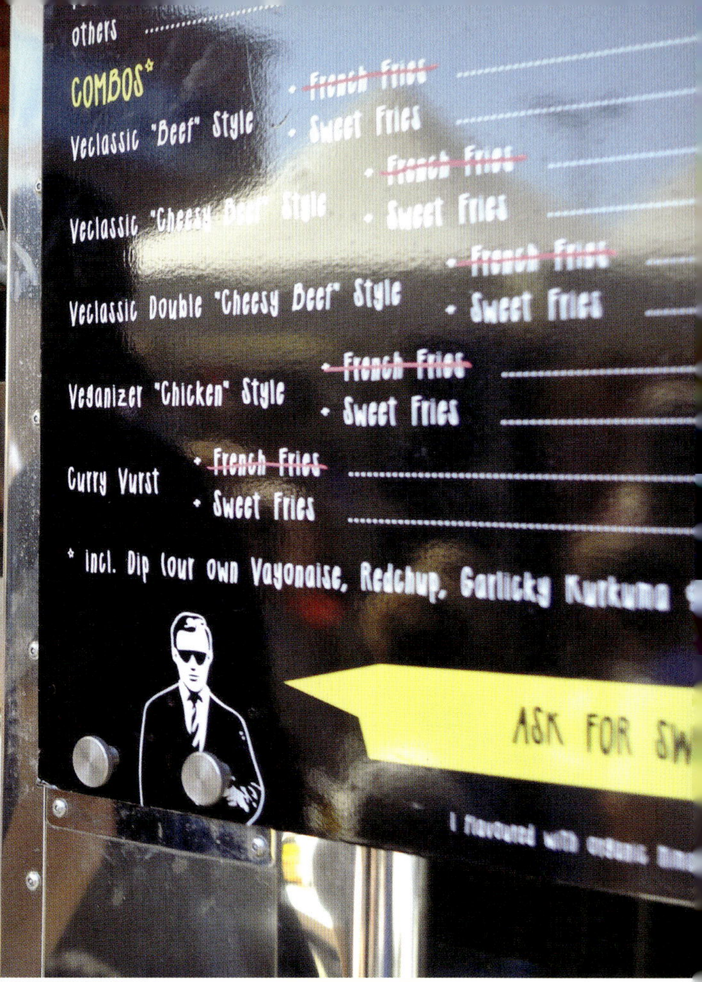

others
COMBOS*
Veclassic "Beef" Style
French Fries
Sweet Fries
Veclassic "Cheesy Beef" Style
French Fries
Sweet Fries
Veclassic Double "Cheesy Beef" Style
French Fries
Sweet Fries
Veganizer "Chicken" Style
French Fries
Sweet Fries
Curry Vurst
French Fries
Sweet Fries
* incl. Dip (our own Vayonaise, Redchup, Garlicky Kurkuma
ASK FOR

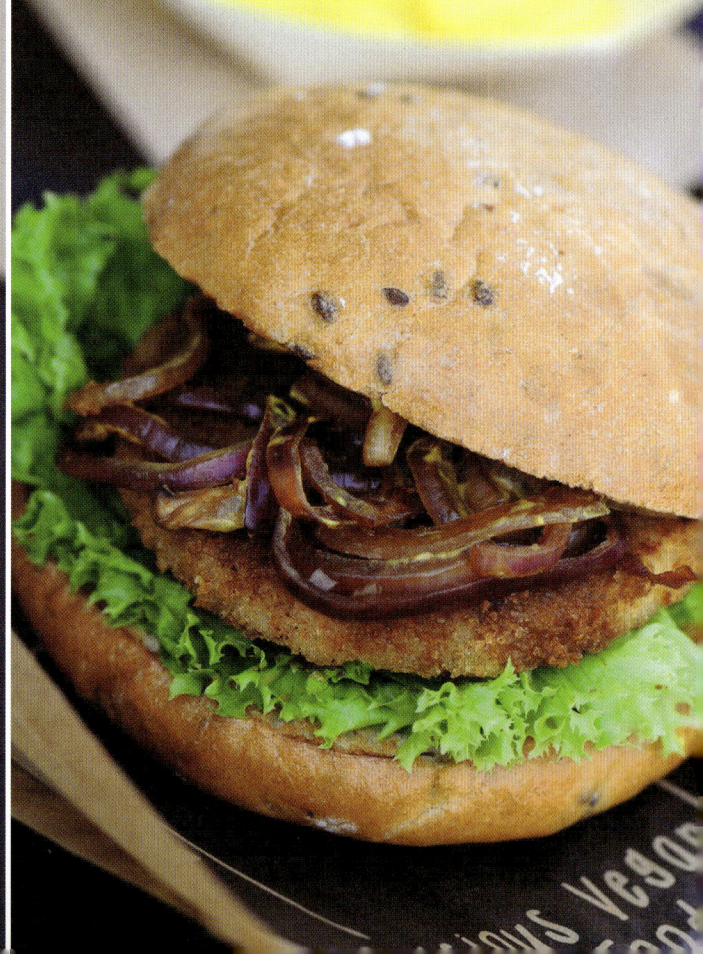

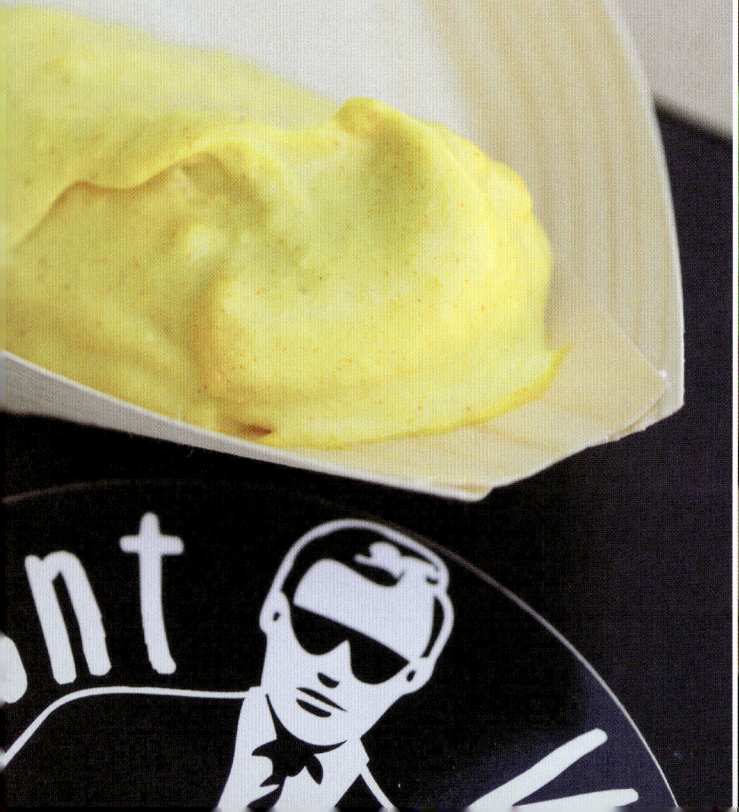

VINCENT-VEGAN-BURGER

FÜR 3 PORTIONEN

Vincent ist ein ziemlich cooler und geschmeidiger Zeitgenosse. Er ist immer darauf bedacht, locker durch die Hose zu atmen und stilvoll durch die Welt zu gehen – in allen Belangen. Deshalb ist er auch passionierter und überzeugter Verfechter der pflanzlichen Ernährungsweise, um die Fast-Food-Revolution in Gang zu setzen. Die Rezepte auf den folgenden Seiten hat er für euch in petto:

Seitan fix und Gewürze gut vermischen, dann die Flüssigkeit hinzugeben und unter Rühren und Kneten eine zähe Masse herstellen. Diese Masse zu einer Kugel formen und mit den Händen oben und unten abflachen. (Es sollte wie ein hoher Eishockey-Puck aussehen).

Einen Topf mit Wasser aufsetzen, die Masse in das kochende Wasser geben und 20 Minuten kochen lassen. Dann abtropfen und abkühlen lassen. Für die Burger in 3 gleich dicke Scheiben schneiden und anbraten.

Für die Caesar-Kurkuma-Sauce alle Zutaten der Reihenfolge nach in einen Mixer geben und so lange mixen, bis eine cremige Masse entsteht. Mit dem Zitronensaft darf gerne experimentiert werden, um den Säuregrad der Sauce zu regulieren. Wichtig: Den Seidentofu vorher entwässern, sonst kann die Sauce schlicht und ergreifend zu flüssig werden.

Die Brötchen aufschneiden, die Unterseite mit Salatblatt nach Wunsch belegen, je einen Seitan-Patty und Gemüsescheiben aufschichten und mit der Caesar-Kurkuma-Sauce abschließen. Den Deckel aufsetzen und reinhauen.

SEITAN-PATTIES

100 g Seitan fix
(für 300 g Seitan)
100 ml Flüssigkeit
(Wasser + 2 EL Sojasauce)

GEWÜRZE

1,5 TL getrocknete Korianderblätter
2 TL Knoblauchpulver
3,5 TL Zwiebelpulver
1 TL getrockneter Thymian
1 TL geräuchertes Paprikapulver
1,5 TL Pfeffer
1 TL Ingwerpulver
1,5 TL edelsüßes Paprikapulver
1/2 TL Salz
2 TL Gemüsebrühepulver

FÜR DIE BURGER

3 Brötchen nach Wunsch
(zum Beispiel Kürbiskern)
Auflage nach Wunsch:
z. B. grüne Salatblätter und Tomatenscheiben oder Rucola und angebratene Auberginenscheiben oder karamellisierte gedünstete rote Zwiebeln (wie auf dem Foto) ... der Fantasie sind keine Grenzen gesetzt.

CAESAR-KURKUMA-SAUCE
FÜR 1 GUTEN LITER

400 g Seidentofu
250 ml Zitronensaft
120 ml Sonnenblumenöl
3 Knoblauchzehen
2 TL Salz
2 Prisen Pfeffer

4 TL Kurkuma, gemahlen
400 ml Wasser
50 g Edelhefe
2 TL Guakernmehl
1 TL Rohrohrzucker

{ VINCENT SAYS: „DO GOOD, BE COOL, EAT VEGAN..!" }

QUINOA-SALAT MIT RÄUCHERTOFU À LA FELIX

FÜR 6–8 PORTIONEN

300 g Quinoa
1–2 Zwiebeln
Olivenöl
450 ml Wasser
450 g passierte oder
   pürierte Tomaten
einige Tropfen Liquid Smoke
   (flüssiges Gewürz mit
   Raucharoma)
600 g Räuchertofu
2 Zucchini
2–3 große Tomaten
Salz
frisch gemahlener Pfeffer
frische Petersilienblätter
   (nach Wunsch)

Die Quinoa in ein Sieb geben und gründlich waschen. Die Zwiebeln schälen, halbieren und in Ringe schneiden. Anschließend in etwas Olivenöl scharf anbraten und die Quinoa dazugeben. Den Herd auf niedrigste Temperatur stellen, dann Wasser und passierte oder pürierte Tomaten sowie einige Tropfen Liquid Smoke dazugeben. Gut durchrühren und die Temperatur wieder höher stellen. Sobald die Flüssigkeit kocht, alles auf niedriger Flamme köcheln lassen, bis die Tomatensauce vollständig vom Quinoa aufgesogen wurde. Vom Herd nehmen und abkühlen lassen.

In der Zwischenzeit den Räuchertofu in etwa daumendicke Würfel schneiden, die Zucchini waschen und ebenfalls in Würfel schneiden. Den Räuchertofu in einer Pfanne in etwas Olivenöl scharf anbraten, dann die Zucchini dazugeben und mitbraten. 2–3 Tomaten fein würfeln.

Nachdem die Quinoamischung abgekühlt ist, in einer großen Schüssel mit Tofu- und Zucchiniwürfeln sowie Tomaten vermengen und mit Salz und Pfeffer abschmecken.

Nach Wunsch die Petersilie waschen, hacken und zum Schluss unterrühren. Den Salat auf Tellern anrichten, etwas schwarzen Pfeffer darübermahlen und mit Petersilienblättern dekorieren.

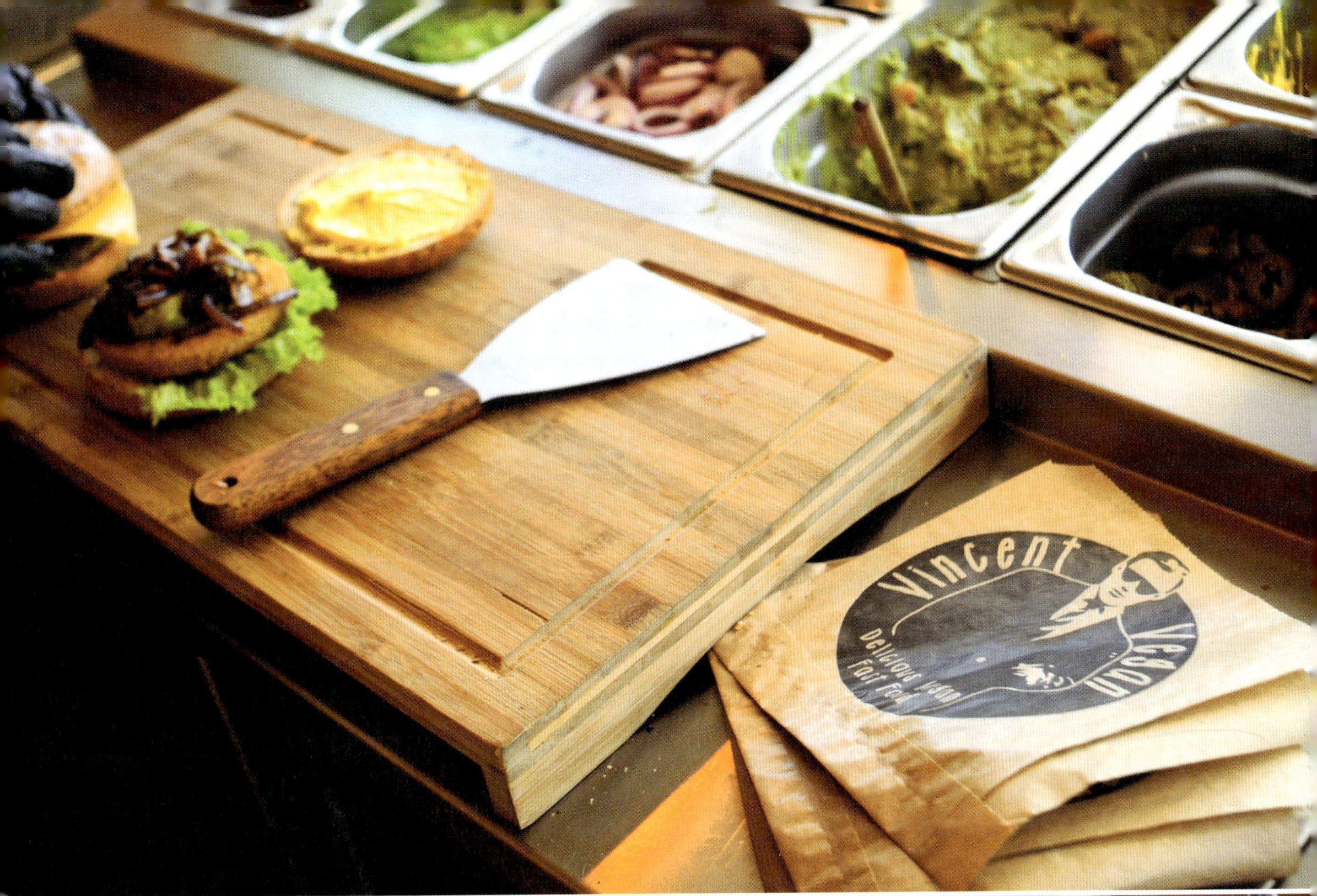
Vincent Vegan
Delicious Vegan Fast Food

BURGERS VURST
FRIES DRINKS
SWEETS

VNC
VGN

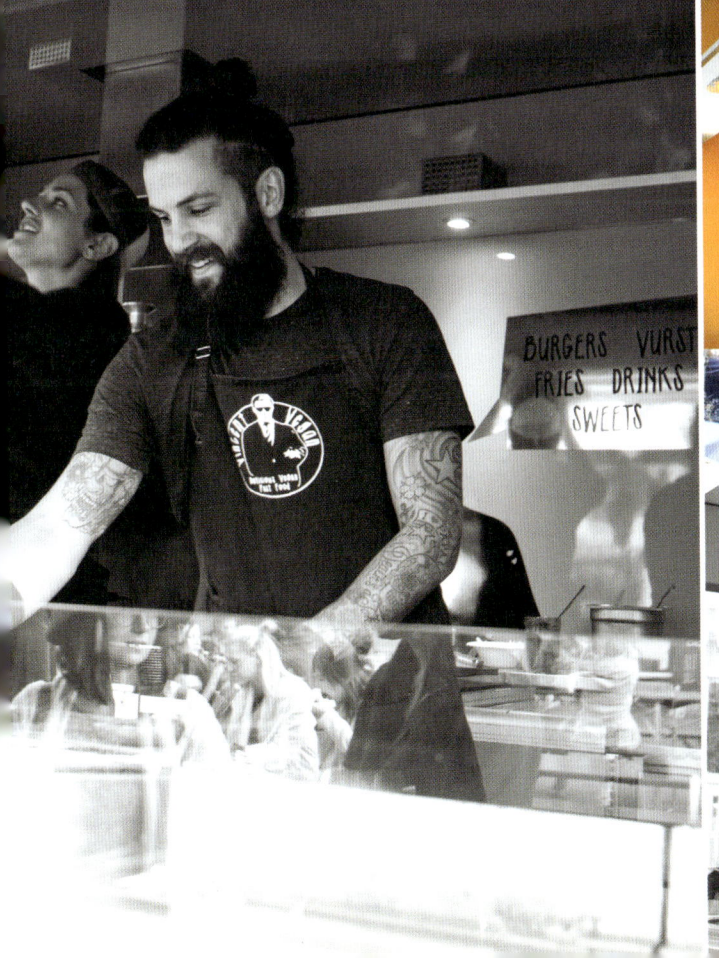

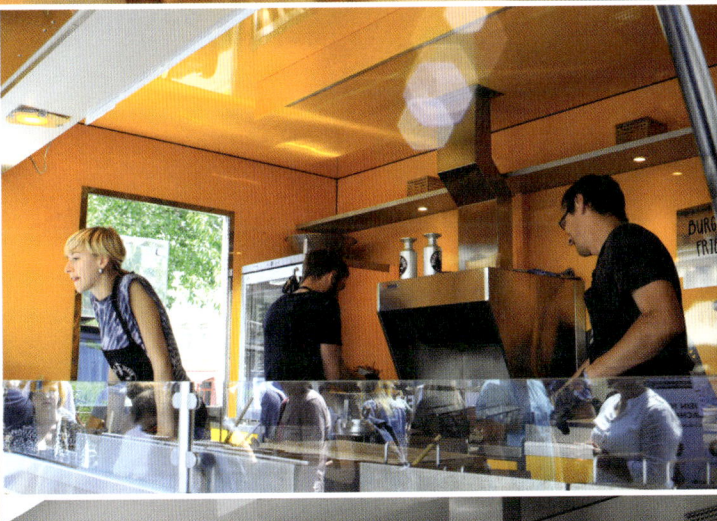

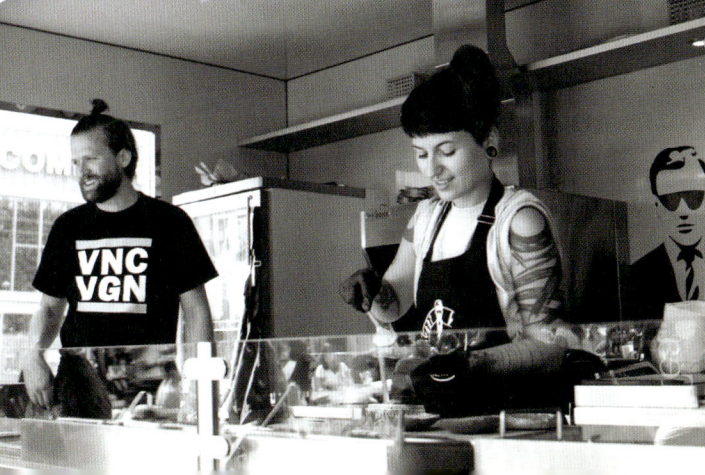

{VINCENT SAYS: „KARMA IS NOT A BITCH IF YOU STOP EATING SHIT!"}

MOHNKUCHEN À LA ÁLI

FÜR 1 KUCHEN, SPRINGFORM (26 CM Ø)

TEIG

- 200 g Mehl
- 100 g Margarine
- 75 g Rohrohrzucker
- 1 Pck. Vanillezucker (mit echter Vanille)
- 1 EL Zitronensaft (kann auch durch Wasser ersetzt werden)
- ½ EL Wasser
- Butter für die Backform

FÜLLUNG

- 380 ml Pflanzenmilch (wir verwenden Hafermilch)
- 60 g Margarine
- 85 g Grieß (z. B. Hartweizen)
- 80 g Stärke (z. B. Mais- oder Kartoffelstärke)
- 85 g Rohrohrzucker
- 150 g Blaumohn

STREUSEL

- 80 g Mehl, Type 405
- 80 g Rohrohrzucker
- 56 g Margarine

Den Backofen auf 220 °C Ober-/Unterhitze (200 °C Umluft) vorheizen. Alle Zutaten für den Teig in eine Schüssel geben und mit der Hand kräftig durchkneten. Der Teig sollte irgendwann zu einer weichen Kugel geformt sein. Ist er zu klebrig, fehlt Mehl, ist er zu bröselig, langsam in kleinen Dosen Wasser hinzugeben. (bis zu ½ EL). Den Boden einer Springform mit Backpapier auslegen und den Rand einfetten. Dann den Teig in die Form drücken und einen etwa 1,5 cm hohen Rand formen.

Für die Füllung die Milch mit der Margarine in einen Topf geben und bei mittlerer Hitze erwärmen, bis die Margarine geschmolzen ist. Mit einem Schneebesen umrühren und vom Herd nehmen. Währenddessen die restlichen Zutaten abwiegen und bereitstellen. Dann Grieß, Stärke und Zucker hinzugeben und gut verrühren. Zum Schluss den Mohn einrühren. Die Masse wieder auf die heiße Herdplatte stellen und solange erhitzen, bis sie nicht mehr komplett flüssig ist. Dabei ständig rühren. Im Anschluss vom Herd nehmen und die Masse auf dem Teig verteilen.

Für die Streusel alle Zutaten vermengen und locker mit den Fingern durchkneten. Die Streusel entstehen eigentlich von selbst. Die fertigen Streusel auf dem Kuchen verteilen und in den vorgeheizten Ofen geben. Nach 30 Minuten sollte der Kuchen fertig und die Streusel leicht braun gefärbt sein. Am besten noch warm oder auch kalt genießen.

TIPP

Der Teig und die Streusel sind die optimale Grundlage für jeden Obstkuchen. Einfach das Lieblingsobst auf dem Teig verteilen und mit den Streuseln bedecken.
Für eine extra „apfelige" Variante: Den Boden zuvor mit Apfelmus bestreichen. So wird er super saftig. Die Backzeit beträgt dann etwa 40 Minuten bei 180 °C.

DIE POWER-FRAU

Sina hat in ihrem Leben schon einiges mitgemacht. Sie hat mit Kapitänen um die Wette geflucht, Windräder installiert und sich zur Fitnesstrainerin ausbilden lassen. Als Köchin gibt sie ihren Gästen eine Extraportion Energie.

Es ist eine ihrer ersten Kindheitserinnerungen: „Ich sitze als „lüttje Stöpsel" auf der Küchenanrichte. Hinter dem Fenster endlos grüne Wiesen. Davor die beste Köchin Ostfrieslands bei der Arbeit: meine Mama. „Aus diesen Erfahrungen habe ich meine Leidenschaft und das Auge fürs Detail sowie zum Ernährungscoach", sagt Sina.

Das Thema Ernährung hat sie seither nicht mehr losgelassen. Ihr Ansatz: Essen soll Genuss für Körper und Seele sein. Für sie persönlich ist das hauptsächlich vegetarisch. „Als echtes Nordlicht komme ich aber nicht drum herum, auch mal ein Krabbenbrötchen zu verhaften. Ich halte überhaupt nichts von Verboten oder will in keinem Fall eine bestimmte Ernährungsform predigen. Für mich zählt nur, ausgewogen und mit Genuss zu essen und sich gut damit zu fühlen", sagt sie.

Obwohl sie das Kochen liebt, verfolgt sie zunächst andere berufliche Ziele. Sie beschippert die Welt, flucht mit Kapitänen um die Wette, besticht Seeleute mit selbst gemachtem Kuchen und transportiert schließlich Windräder auf dicken Pötten an ihren Bestimmungsort. Später macht sie eine Ausbildung zur Fitness- und Gesundheitstrainerin sowie zur Ernährungstrainerin. Und da schließt sich der Kreis: „Was gibt es Besseres, als die Leidenschaft fürs Kochen, genussvolles Essen, ausgewogene Ernährung und Fitness zusammenzubringen?", sagt Sina – und so kam ihr die Idee zum Foodtruck.

Das Speisenangebot von „Beet in the Box" hat die Ernährungstrainerin selbst entworfen: Es ist ausgewogen, vegetarisch und vegan, nachhaltig, genussvoll, mit viel Liebe für die Extraportion Power. „Wir haben köstliche Suppen und Eintöpfe, vitaminreiche Smoothies und knackige Salate. Wir sind zuständig für die „Green Foods", die euch glücklich machen", sagt Sina. Das Motto: Be healthy – be happy. Die Küche von „Beet in the Box" hat viele Namen: Fitfood, Happy Food, Superfood. Das kann Sina aus eigenen Erfahrungen bestätigen: „Ich liebe den Popeye-Smoothie mit Superfoods. Da kann ich fast fühlen wie mein Bizeps wächst", sagt sie mit einem Augenzwinkern.

HEIMATHAFEN ST. PAULI

Ihre Kunden sind höchst unterschiedlich. Quer"BEET" sozusagen. Ob Sportevents, Festivals, Familientage oder Business-Caterings, ob Groß oder Klein, die Rocker, die Romantiker, die Südkurve oder die Nordtribüne: „An unserem Truck strahlen alle gemeinsam um die Wette", sagt Sina. Durch ihre enge Verknüpfung zum Fitnessbereich und die Spezialisierung auf die „gesunde" Nische ist „Beet in the Box" häufig für Sportveranstaltungen oder für Caterings in diesem Bereich gebucht. Aber auch in anderen Branchen wird zunehmend Wert auf gesunde und ausgewogene Ernährung gelegt. Das erste Jahr im Truck hat sie wie im Rausch wahrgenommen. „Ich könnte mir keinen schöneren Start vorstellen. Ob auf Familienfesten, wo einen Kinderaugen anstrahlen, auf Sportveranstaltungen, auf denen ausgehungerte Athleten vor dem nächsten Wettkampf Kraft tanken, oder auf St. Pauli, wo mein Heimathafen und jeder Tag ein Heimspiel ist – es hat alles unheimlich viel Spaß gemacht", sagt sie.
Für die Zukunft planen Sina und ihr Team die pink-grüne Weltherrschaft. Wenn das nicht klappt, machen sie einfach weiter – und erweitern ihr Angebot. In nächster Zeit zum Beispiel wird es eine Zusammenarbeit mit einem Unternehmen aus dem Fitnessbereich geben. Und in nicht allzu ferner Zukunft können Besucher sich den Extra-Energieschub nicht mehr nur am Truck genehmigen. „Meine Superkraft ist es, Menschen mit leckerem und gutem Essen glücklich zu machen. Das wollte ich umsetzen. Und immer dort sein können, wo Bedarf besteht." Und es gibt Kraft. Das kann Sina aus eigener Erfahrung bestätigen.

SMOOTHIE "AHOI, POPEYE!"

FÜR 1 GROSSES GLAS

Bei diesem grünen Fit-Food-Smoothie ist der Name Programm. Er ist ein richtig starker Typ, leuchtet herrlich grün und schmeckt fantastisch. Reich an Antioxidantien, Mineralien und Vitaminen. Werdet Freunde und du reißt Bäume aus.

Die Ananas schälen, alle Augen herausschneiden und das Fruchtfleisch in grobe Stücke schneiden. Apfel und Birne waschen, vierteln, das Kerngehäuse entfernen und ebenfalls in grobe Stücke schneiden. Den Ingwer schälen und in kleine Würfel schneiden. Den Spinat verlesen und waschen.

Dann Ananasfruchtfleisch, Apfel- und Birnenstücke zusammen mit Orangensaft und Ingwer in einen leistungsstarken Standmixer geben und zuletzt den Babyspinat dazugeben. Alles auf höchster Stufe zu einem feinen Brei pürieren. Zum Schluss Matcha- und Gerstengraspulver hineingeben und noch einmal cremig mixen. Für einen Frischekick kann man beim Mixen noch ein paar Eiswürfel hinzufügen.
Den fertigen Smoothie in ein Glas geben, mit einem hübschen Strohhalm verzieren und sofort servieren.

TIPP

Bei Smoothies gilt: Ruhig experimentierfreudig sein und nach Herzenslust mixen. Ersetzt doch den Spinat zum Beispiel mal durch Mangold, im Herbst und Winter schmeckt auch Grünkohl lecker.

¼ **Ananas**
1 **Apfel**
1 **Birne**
1 **Stück frischer Ingwer (etwa 1 cm)**
100 g **Babyspinat**
100 ml **Orangensaft (am besten frisch gepresst)**
½ TL **Matcha-Pulver**
1 TL **Gerstengras-Pulver**

OPTIONAL

Eiswürfel

SMOOTHIE „BERRY BOMB"

FÜR 2 GLÄSER

200 g Erdbeeren
50 g Blaubeeren
50 g Himbeeren
50 g Brombeeren
2 Bananen
150 ml stilles Wasser, Kokoswasser oder Mandelmilch
1 TL Acaibeeren-Pulver
1 TL Chiasamen
1 EL Gojibeeren

Will you berry me? Da lacht das Herz. Und nicht nur das. Denn dieses fruchtige Bömbchen ist ein Superfood-Smoothie der Extraklasse. Eine Vitaminbombe wie aus dem Bilderbuch, die dein Herz höher schlagen lässt. Einfach „JA" sagen und genießen!

Die Erdbeeren waschen und entkelchen. Blaubeeren, Himbeeren und Brombeeren gründlich waschen. Die Bananen schälen und in grobe Stücke schneiden. Stilles Wasser oder nach Belieben für etwas mehr Süße Kokoswasser oder Mandelmilch in einen leistungsstarken Standmixer geben. Dann Bananenstücke sowie die Beeren dazugeben und cremig mixen. Anschließend Acaibeeren-Pulver, Chiasamen und Gojibeeren hinzufügen und noch einmal kräftig mixen. Den Smoothie in Gläser füllen, mit einem hübschen Strohhalm verzieren und sofort servieren.

TIPP

In der stürmisch-nassen Jahreszeit kann man den Smoothie mit einer halben Knolle Rote Bete ergänzen. Dieses Herbstgemüse ist keine „olle Knolle", sondern ein toller Lieferant für Eisen, Folsäure und Vitamin B.

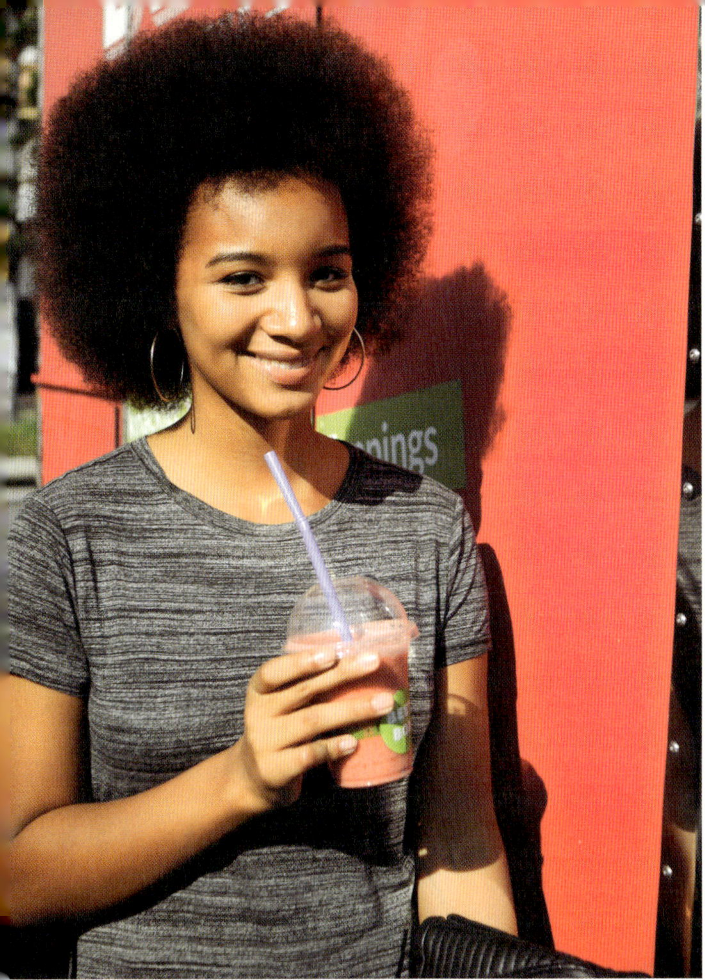

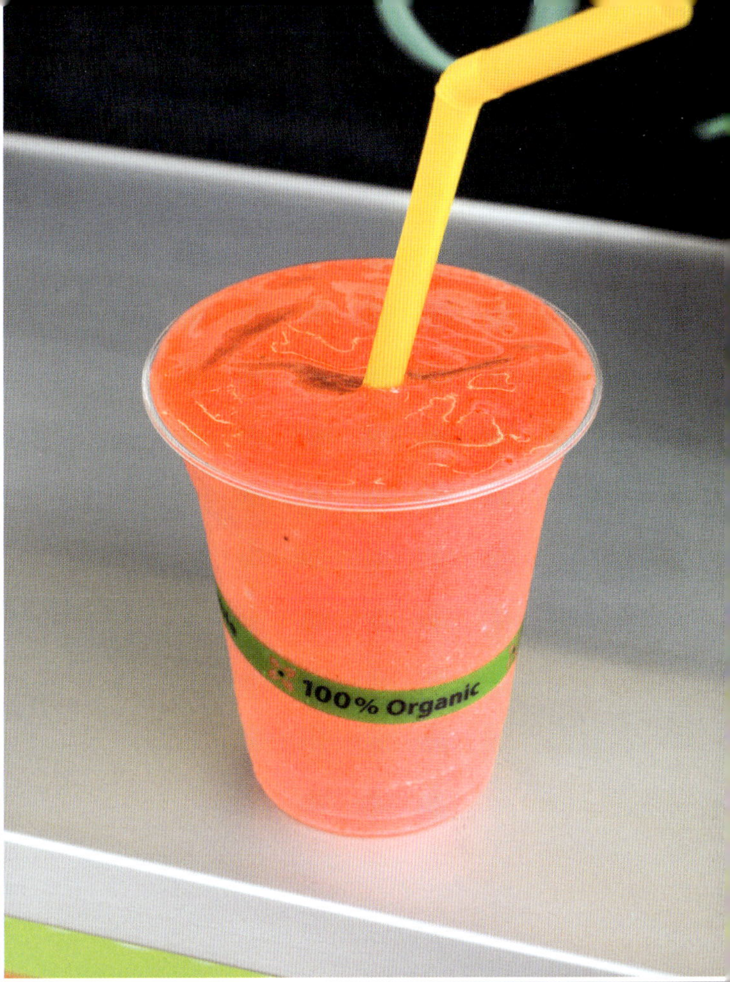
100% Organic

100% Organic

BEET BOX
BEET BOX

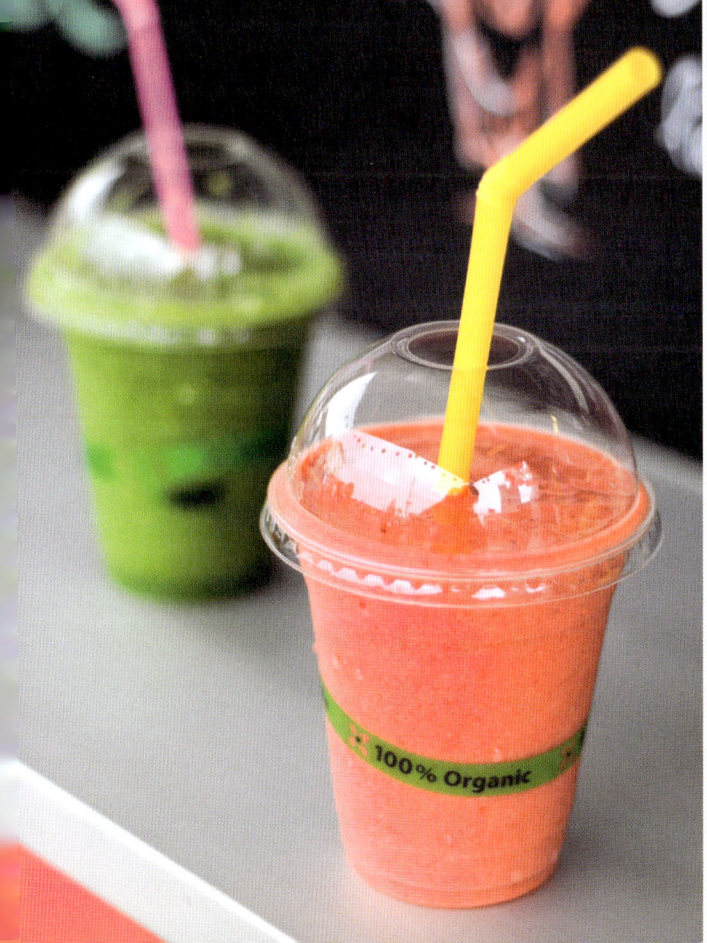

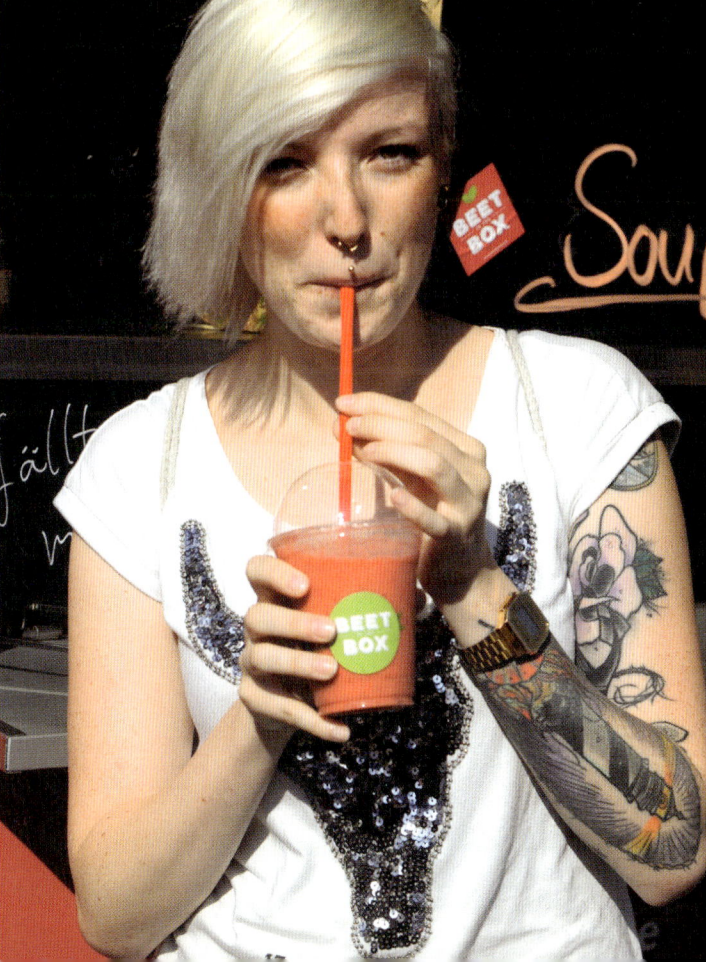

{ VEGETARISCH / VEGAN }

SALAT „SUPERFOOD WARRIOR"

FÜR 2 PORTIONEN

Dieser Superfood-Salat ist ein echter Rocker. Sein Auftritt ist knackig. Verdammt gutaussehend kommt er in seinem bunten Outfit auf die Bühne, um dir die volle Ladung Power zu verpassen. Müsste man ihn mit einem Song beschreiben, würden die Glocken von AC/DC läuten und die Massen würden lautstark „Health Bells" singen! Lass dich mitreißen!

150 g Kichererbsen
250 g Süßkartoffeln
250 g Rote Bete
Olivenöl
Salz und frisch gemahlener schwarzer Pfeffer
1 Kopf Grünkohl
1 Avocado
1 Handvoll Rucola
Zitronensaft
1 EL Pinienkerne
1 EL Kürbiskerne

Die Kichererbsen über Nacht in ausreichend Wasser einweichen. Am nächsten Tag die eingeweichten Kichererbsen abgießen und abspülen. Dann in einem großen Topf in Wasser etwa 1 Stunde weich kochen. Anschließend das Wasser abgießen und die Kichererbsen auskühlen lassen.

Süßkartoffeln und Rote Bete gründlich waschen und in Würfel schneiden. Den Ofen auf 180 °C Umluft (200 °C Ober-/Unterhitze) vorheizen. Die Würfel gleichmäßig auf einem Backblech verteilen und gründlich mit Olivenöl sowie etwas Salz und Pfeffer vermischen. Die Gemüsewürfel 30 – 35 Minuten im Ofen backen. Nach etwa 15 Minuten Backzeit das Gemüse wenden.

Den Grünkohl von den Stielen streifen, gründlich waschen und die Blätter in mundgerechte Stücke zupfen. Die Avocado halbieren, den Kern entnehmen und das Fruchtfleisch in Würfel schneiden. Den Rucola verlesen, die harten Stiele abschneiden und waschen. Kichererbsen, Gemüsewürfel, Grünkohl, Avocado und Rucola in einer großen Schüssel miteinander mischen und mit Olivenöl, Zitronensaft, Salz und Pfeffer abschmecken.

Etwas Olivenöl in einer Pfanne erhitzen und Pinien- und Kürbiskerne kurz darin anrösten.

Den Salat mit der Kernmischung garnieren.

SUNSHINE-„SOUPER"-STAR

FÜR 4 PORTIONEN

170 g frische Cranberrys
   (alternativ: getrocknete)
1 kg Karotten
1 Schalotte
1 Zwiebel
1 Knoblauchzehe
1 Stück Ingwer (etwa 2 cm)
Olivenöl
1 l Gemüsebrühe
   (am besten selbst gekocht)
150 ml Kokosmilch (nach Wunsch)
Chilipulver
Salz und frisch gemahlener
   schwarzer Pfeffer

OPTIONAL ZUR GARNITUR

z. B. Koriander, Petersilie,
   Frühlingszwiebel, getrocknete
   Cranberrys

Der Superstar unter den Suppen in den Töpfen dieser Welt. Diese köstliche Möhrchen-Ingwer-Cranberry-Suppe strahlt wie der Sonnenschein und verbreitet gute Laune, wo sie nur auftaucht. Unser Sonnenschein erwärmt mit ihrem Auftritt Körper und Herzen und hat einen Oscar verdient. Jetzt kommt sie zu dir! Roll' den roten Teppich aus!

Die Cranberrys gründlich waschen und abtropfen lassen. Karotten, Schalotte, Zwiebel, Knoblauch und Ingwer schälen, dann würfeln. Etwas Olivenöl in einem ausreichend großen Topf mit Deckel erhitzen. Dann Schalotten-, Zwiebel-, Knoblauch- und Ingwerwürfel dazugeben und etwa 2 Minuten anschwitzen. Karotten sowie Cranberrys dazugeben und kurz andünsten. Die Gemüsebrühe angießen, den Deckel aufsetzen und alles 20 Minuten köcheln lassen. Anschließend den Topf vom Herd nehmen und die Mischung mit einem Mixstab zu einer sämigen Suppe pürieren. Wer es etwas süßer mag, gibt jetzt die Kokosmilch dazu (ansonsten die Kokosmilch durch Brühe ersetzen). Zum Schluss mit Chilipulver und etwas Salz und Pfeffer abschmecken. In Schälchen füllen und die Suppe zusätzlich nach Lust und Laune mit Kräutern, Frühlingszwiebelringen oder getrockneten Cranberrys dekorieren.

{ VEGETARISCH / VEGAN }

VEGANE BOLLYWOOD-BOWL

FÜR 4 PORTIONEN

Dieses umwerfende Gemüsecurry heizt dir richtig ein. Unsere Bollywood-Bowl ist eine absolute Herzensbrecherin – unkompliziert und doch so wahnsinnig speziell. Eben eine Schale zum Verlieben. Einmal eine Mittagspause oder ein Abendessen mit der Bollywood-Bowl verbracht, möchte man sich ihren Namen direkt auf das Herz tätowieren. Have a try!

100 g Kichererbsen
100 g grüne Bohnen
200 g rote Linsen
250 g Kartoffeln
200 g Süßkartoffeln
2 Zwiebeln
1 Knoblauchzehe
1 Stück Ingwer
   (etwa 2 cm Ingwer)
1 Chilischote
¼ TL Kurkuma, gemahlen
Pflanzenöl
1 gestrichener TL
   gemahlener Kreuzkümmel
1 EL Currypulver
650 ml Gemüsebrühe
   (am besten selbst gekocht)
150 ml Kokosmilch
Salz
Kokosraspeln

Die Kichererbsen über Nacht in ausreichend Wasser einweichen. Am nächsten Tag die eingeweichten Kichererbsen abgießen und abspülen. Dann in einem großen Topf in Wasser etwa 1 Stunde weich kochen.

In der Zwischenzeit die Bohnen gründlich putzen, schräg halbieren und in kochendem Wasser blanchieren, bis sie bissfest geworden sind. Die roten Linsen in ein Sieb geben, gut waschen und abtropfen lassen. Kartoffeln und Süßkartoffeln schälen und in Würfel schneiden. Die Zwiebeln ebenfalls schälen und würfeln. Knoblauch und Ingwer schälen, dann fein hacken oder reiben. Die Chilischote waschen, längs aufschneiden, entkernen und fein hacken. Kurkuma, Ingwer, Knoblauch und Chili in einer Schüssel mischen.

Etwas Öl in einem Topf erhitzen, Zwiebeln und Kreuzkümmel in den Topf geben und 4–5 Minuten dünsten. Dann Kartoffel- und Süßkartoffelwürfel, Bohnen, Linsen und Kichererbsen hinzufügen, mit der Zwiebel-Kreuzkümmel-Mischung vermengen und kurz andünsten. Dann die Kurkuma-Ingwer-Knoblauch-Chili-Mischung sowie das Currypulver zugeben und alles gut miteinander mischen. Gemüsebrühe und Kokosmilch angießen und alles kurz aufkochen.

Das Curry 15–20 Minuten köcheln lassen, dabei gelegentlich umrühren. Zum Schluss mit Salz abschmecken. Das Curry in kleinen Schüsseln anrichten, mit Kokosraspeln garnieren und sofort servieren.

BLUEBERRY BLITZ – UNSER KLEINER CUPCAKE

{ PALEO / VEGAN }

FÜR 6 CUPCAKES

CUPcakes sind in aller Munde. Für den Blueberry Blitz nehmen wir dies wörtlich. Mengenangaben werden in Cup (Tasse) angegeben. Ob Abenteuerlustige, Alltagshelden, Querdenker, Naturburschen, Nordlichter oder Grinsekatzen – ganz egal! Dieses tolle und blitzschnell gezauberte Dessert zieht alle in seinen Bann. So verdammt yummy! Achtung: Suchtgefahr!

Die Zutaten für den Boden in einen leistungsstarken Standmixer geben und zerkleinern, bis eine feste Masse entsteht. Eine Muffinform mit Papierförmchen auslegen. In jedes Förmchen einen Klecks der Masse geben und etwas andrücken, sodass diese den Boden der Muffinförmchen gleichmäßig bedeckt.

Für die Füllung die Cashewkerne mit etwas Wasser in eine Schüssel geben und etwa 2 Stunden einweichen. Anschließend das Wasser abgießen und zusammen mit Agavendicksaft, Kokosmilch und Kokosöl in einen leistungsstarken Standmixer geben. Die Vanilleschote längs aufschneiden, das Vanillemark mit der Messerspitze herausschaben und in den Mixer geben. Die Schale der Orange abreiben und zu den anderen Zutaten in den Mixer geben. Nach dem Abreiben die Orange halbieren, eine Hälfte auspressen und den frischen Orangensaft ebenfalls in den Mixer geben. Alles noch einmal cremig mixen und die Masse anschließend gleichmäßig auf den Böden verteilen.

Alle Zutaten für das Topping in einen leistungsstarken Standmixer geben und zu einer Creme mixen. Die Creme als letzte Schicht auf den Cupcakes verteilen.

Zum Schluss die Cupcakes nach Belieben verzieren, zum Beispiel mit Orangenstücken, Orangenabrieb oder auch Gojibeeren, und vor dem Servieren für mindestens 3 Stunden in den Kühlschrank stellen. Kalt genießen.

FÜR DEN BODEN

- 1 Tasse Walnüsse
- 2 Tassen Datteln (oder andere Trockenfrüchte nach Wahl)

FÜR DIE FÜLLUNG

- 2 Tassen Cashewkerne
- ⅓ Tasse Agavendicksaft
- ⅓ Tasse Kokosmilch
- ⅓ Tasse Kokosöl
- 1 Vanilleschote
- 1 unbehandelte Orange

FÜR DAS TOPPING

- 1 Tasse Blaubeeren
- ½ Tasse Kokosflocken
- ¼ Tasse Kokosmilch
- 3 EL Kokosöl
- 1 EL Agavendicksaft

OPTIONAL

Orangenstücke, unbehandelter Orangenabrieb, Gojibeeren

1 Muffinblech
+ Papierförmchen

DER HACK-ADEL

Bei Nils und Michael hackt es gewaltig. Auf ihren Trucks bieten sie leckere Rinderhack-Gerichte in bester Qualität. Es ist die Erfüllung eines Jugendtraums.

HACKBARON

Wie man zum Hackbaron wird? Ganz einfach: Man sollte sich gefühlt seit dem siebten Lebensjahr von Hackfleischprodukten ernähren und „Esst mehr Hack!" zu seiner persönlichen Devise machen. Wenn man dann noch einen Komplizen findet, dem es ebenso ergeht, stehen die Chancen auf den Adelstitel super.

Nils und Michael ist es genau so passiert. Die beiden Nordlichter lernen sich bei einem Schulfest ihrer Kinder kennen. Im Gespräch stellen sie fest, dass sie diese eine spezielle Vorliebe teilen. „Ich habe schon als Kind Hackfleisch geliebt. Meine Mutter hat mir regelmäßig eine Terence-Hill-Pfanne mit Hack und Bohnen gemacht. Bis heute gibt es für mich nichts Besseres", sagt Nils. Sein Traum: ein Laden, in dem es nur Hackfleischgerichte gibt. Schnell wird aus der gemeinsamen Begeisterung eine konkrete Idee. Und so entwickeln Marketing-Fachmann Nils und Projektentwickler Michael gemeinsam das Konzept für einen Hack-Truck. Mehrere Wochen prüfen sie mögliche Truck-Hersteller, Standorte und Personal, rechnen, kalkulieren und suchen Lieferanten. „Es war irre, wie positiv unsere Idee aufgenommen wurde", sagt Michael.

Für die Zusammenstellung der Speisekarte fragten die beiden Macher ihre Freunde, Kollegen und Familien nach ihren Lieblingshackgerichten. So entstand eine enorme Bandbreite an Speisen. „Das Schöne an Hackfleisch ist ja, dass es so vielfältig zubereitet werden kann. Hackfleischgerichte gibt es überall auf der Welt", sagt Nils. Am Ende entscheiden sie sich für Meatballs und Burger, Chili con Carne, die Bolognese-Sauce und Chili Cheese Fries. Dazu Pommes in zwei Varianten und coole Drinks – lecker!

MONATELANG GEFEILT

Ihre Gerichte kommen so gut an, dass sie schon nach sechs Wochen einen zweiten Truck ins Rennen schicken. Von Anfang an setzen die Hackbarone auf Qualität. „Für alle unsere Gerichte verwenden wir ausschließlich bestes Freiland-Rinderhackfleisch aus der Region. Für die Burger hochwertige Buns aus 900er-Mehl vom Traditionsbäcker aus Uhlenhorst sowie frisches Gemüse und Zutaten aus der Region rund um Hamburg", sagt Nils. Geschmacksverstärker, Zusatz- oder Farbstoffe kommen nicht infrage. Zwei unterschiedliche Gewürzmischungen, „Verschärfer" und „Hackwürzer", wurden eigens komponiert und sind so nur beim Hackbaron zu bekommen. Für die Umsetzung aller Rezepte haben die Hackbarone mit zwei Manufakturen zusammengearbeitet. „Wir haben uns immer wieder eingeschlossen, an den einzelnen Komponenten gefeilt und alles permanent getestet. Am Ende haben wir die perfekte Rezeptur gefunden, den optimalen Schärfegrad, den besten Geschmack", sagt Michael.

Die Hackbarone stehen nicht nur auf den Foodtruck-Märkten oder Festivals, sondern übernehmen auch das Catering bei privaten Veranstaltungen wie Jubiläen, Hochzeiten oder Geburtstage. Immer häufiger werden die Trucks auch von Unternehmen gebucht, die „mal weg vom Standardbüfett" wollen.
Um den Einfluss auf die Qualität und die Haltung der Tiere sowie auf alle Aspekte der Nachhaltigkeit zu erhöhen, spielen die Barone sogar mit dem Gedanken, in Zukunft eigene Rinder zu züchten. Für ihre Gäste ist den Hackbaronen das Beste gerade gut genug. Adel verpflichtet schließlich.

HACKBAROL

— PREMIUM FOOD COMPANY —

HELLS KITCHEN SANDWICH

{ ZUBEREITUNGSZEIT: 30 MINUTEN }

FÜR 4 PORTIONEN

Die Tomaten waschen und in Scheiben schneiden. Die Zwiebel schälen und fein würfeln. Für die Guacamole den Koriander waschen mit den zarten Stielen fein hacken. Die Avocado quer halbieren, den Kern entfernen und das Fruchtfleisch mit einem Löffel aus den Schalen lösen. Dann mit einer Gabel in einer kleinen Schüssel zerdrücken. Limettensaft und Koriander untermischen und mit Salz, Pfeffer, Zucker und Chilisauce abschmecken.

Für die Meatballs das Hackfleisch in einer Schüssel gut durchkneten und mit Salz und Pfeffer würzen. Aus der Hackmasse 12 tischtennisballgroße Kugeln formen. Das Öl in einer beschichteten Pfanne erhitzen und die Meatballs darin bei mittlerer Hitze 8–10 Minuten von allen Seiten goldbraun braten.

Inzwischen den Backofen auf 180 °C vorheizen und die Brötchen längs ein-, aber nicht durchschneiden. Dann im vorgeheizten Ofen 5–6 Minuten aufbacken.

Anschließend zuerst Barbecuesauce, Tomatenscheiben und Meatballs in die Brötchen füllen, dann Guacamole, Zwiebelwüfel und Jalapeños darauf geben und sofort servieren.

- 2 Tomaten
- 1 rote Zwiebel
- 4 Korianderzweige
- 1 reife Avocado
- 1–2 TL Limettensaft
- Salz und Pfeffer
- 1 Prise Zucker
- 1 Spritzer Chilisauce (z. B. Tabasco)
- 400 g Rinderhack
- 2 EL Pflanzenöl
- 4 längliche Milchbrötchen (ersatzweise Hot-Dog-Brötchen)
- 8 EL scharfe Barbecuesauce (nach Wahl)
- 4 TL Jalapeñoscheiben

{ ZUBEREITUNGSZEIT: 35 MINUTEN }

FIGHTING IRISH BURGER

FÜR 2 PORTIONEN

- 250 g Rinderhack
- 4 Scheiben Bacon
- 20 g Babyspinat
- 1 EL Pflanzenöl
- Salz und Pfeffer
- 1 EL Butter
- 2 Ei (Größe M)
- 2 Burgerbrötchen
- 4 EL scharfe Barbecuesauce (nach Wahl)
- 2 Scheibe Irish Farmhouse Cheese
- 2 Scheiben unbehandelte Salatgurke
- 2 Handvoll britische Kettlechips

Das Hackfleisch zu 2 Patties formen, auf einen mit Frischhaltefolie bespannten Teller geben und abgedeckt 20 Minuten kalt stellen. Den Bacon in einer Pfanne ohne Fett knusprig braten und auf Küchenpapier abtropfen lassen. Den Spinat waschen und trockenschleudern.

Eine Grillpfanne dünn mit Öl ausreiben und erhitzen. Die Patties von allen Seiten mit Salz und Pfeffer würzen und 3–4 Minuten auf jeder Seite braten. Inzwischen die Butter in einer beschichteten Pfanne erhitzen und die Eier darin 2 Minuten braten.

Den Backofengrill vorheizen, die Brötchen quer halbieren, mit den Schnittflächen nach unten auf ein Ofengitter geben und unter dem Backofengrill goldbraun rösten.

Die Brötchenhälften zuerst mit Barbecuesauce bestreichen. Danach mit je einem Patty, einer Käsescheibe, einer Gurkenscheibe, einem Spiegelei, 2 Baconscheiben sowie einigen Chips belegen. Mit den Brötchendeckeln schließen und sofort servieren.

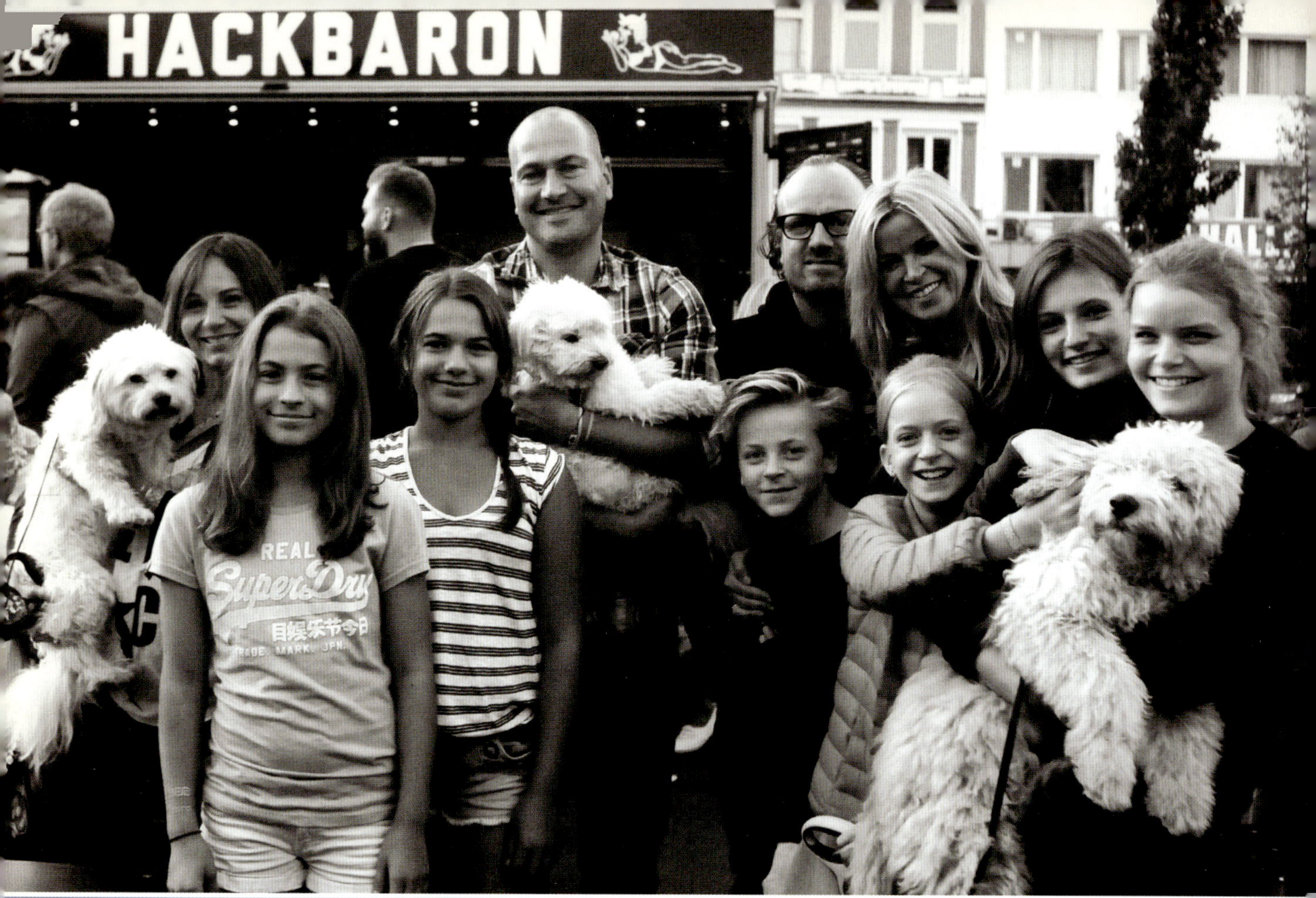
HACKBARON
REAL
Superdry

CHILI, BOLO, BURGER +

WWW.HACKBARON.DE
LIKE DEN BARON
040 . 226 16 260

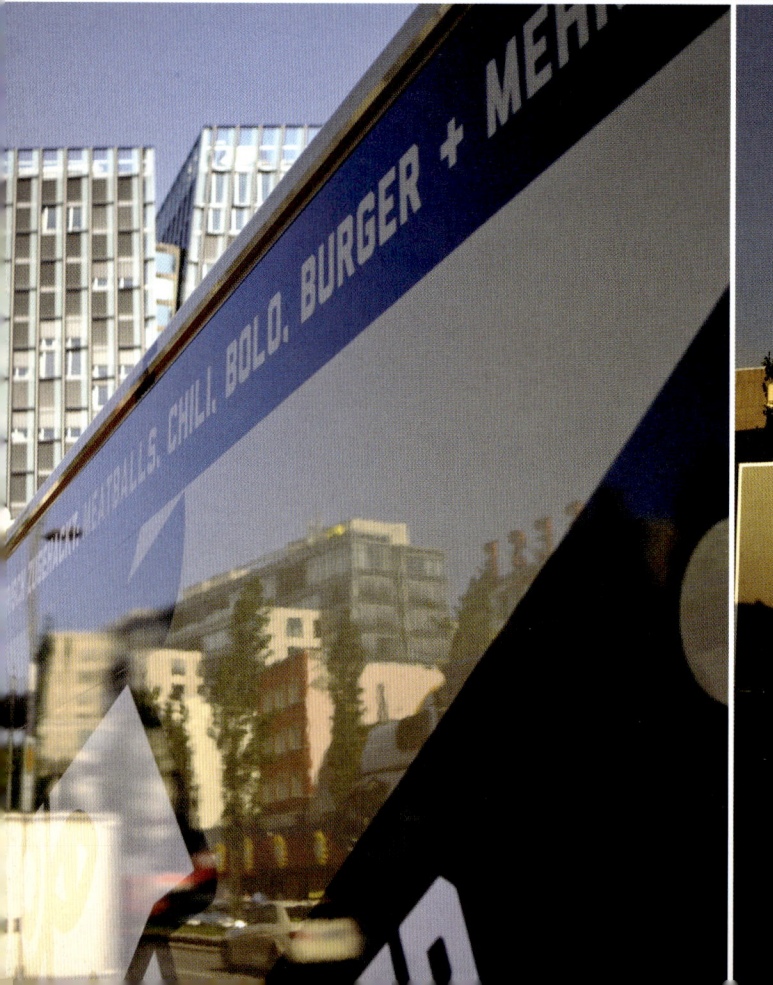

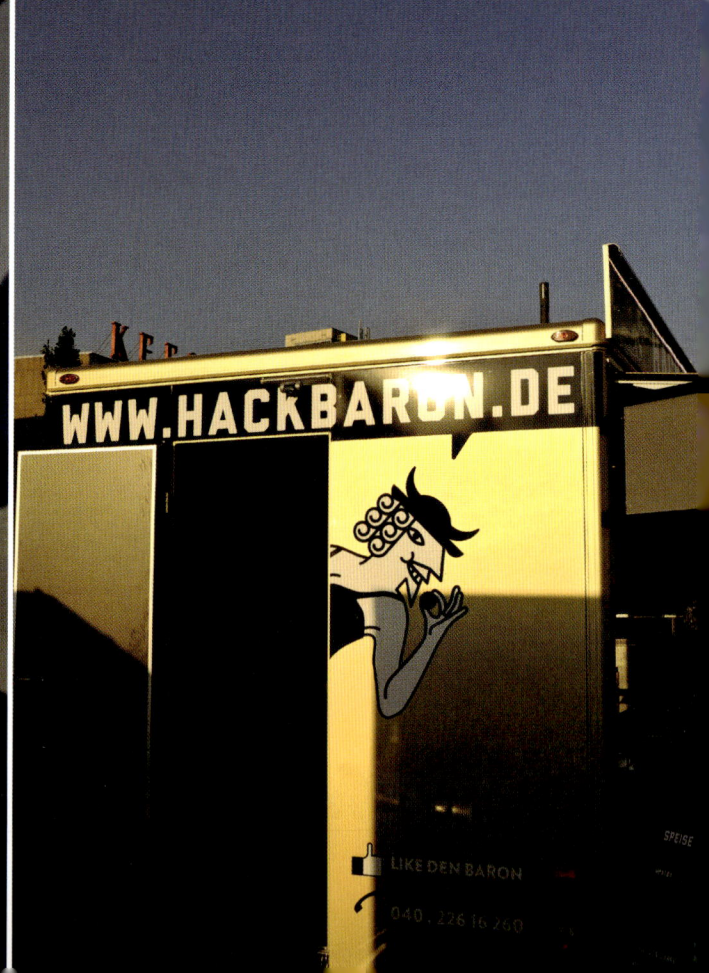

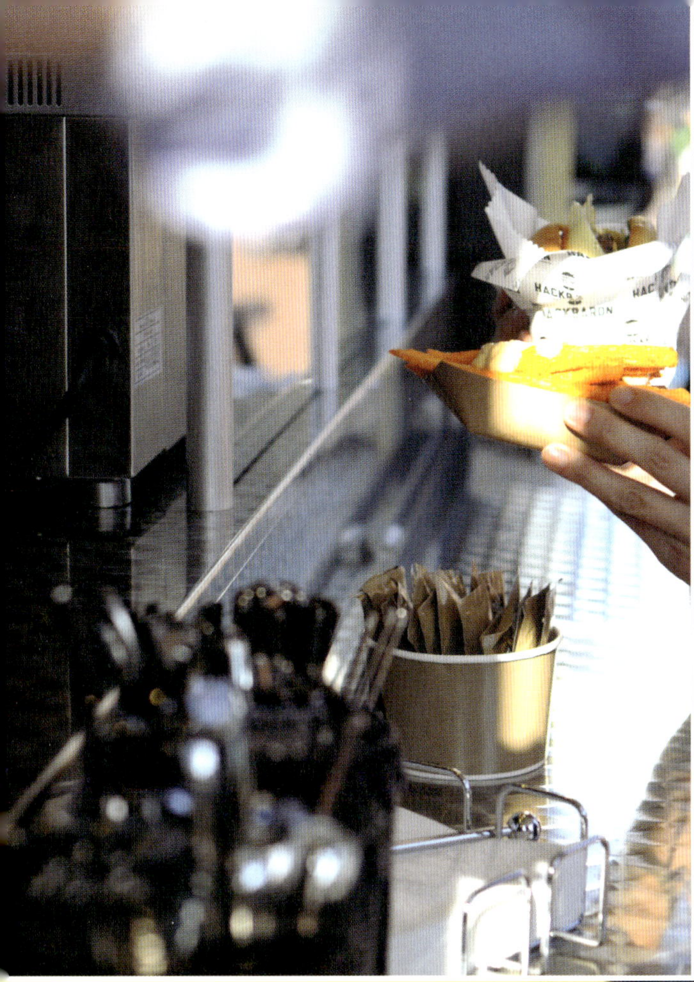

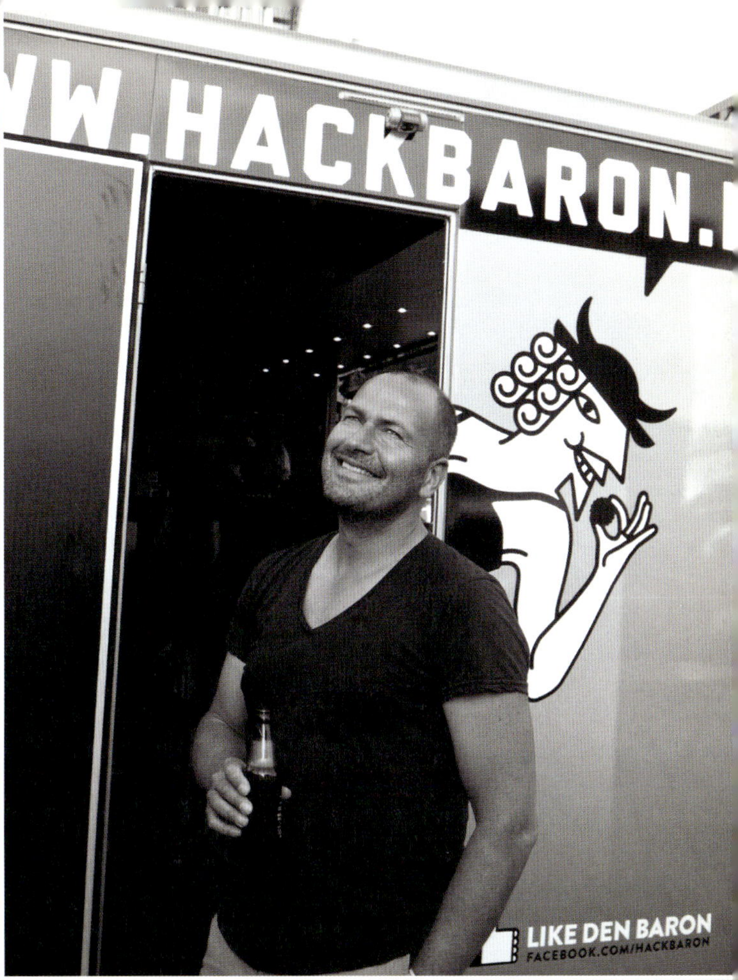
LIKE DEN BARON
FACEBOOK.COM/HACKBARON

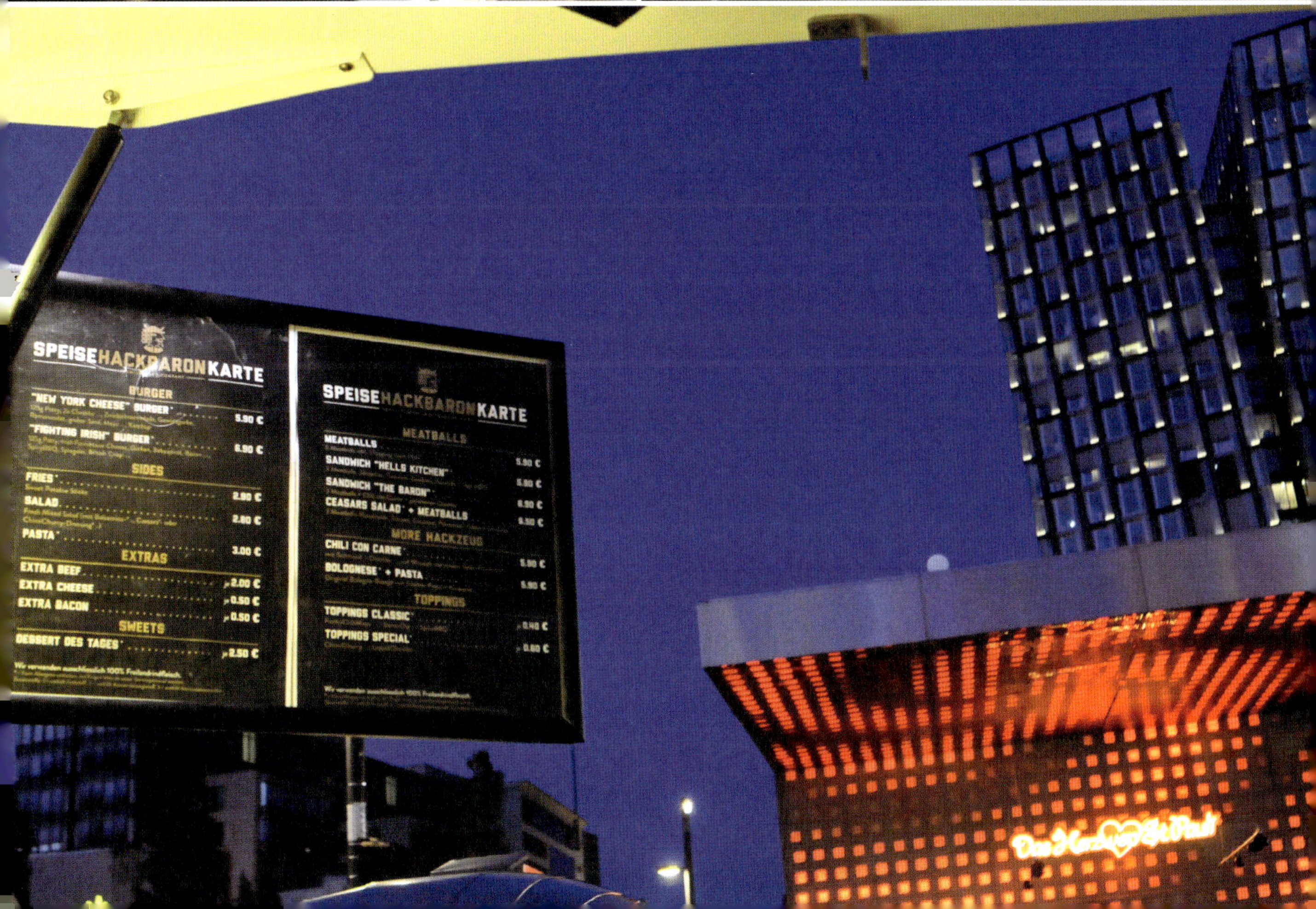
SPEISEHACKBARONKARTE
BURGER
"NEW YORK CHEESE" BURGER 5.90 €
"FIGHTING IRISH" BURGER 6.90 €
SIDES
FRIES 2.90 €
SALAD 2.80 €
PASTA 3.00 €
EXTRAS
EXTRA BEEF 2.00 €
EXTRA CHEESE 0.50 €
EXTRA BACON 0.50 €
SWEETS
DESSERT DES TAGES 2.50 €
SPEISEHACKBARONKARTE
MEATBALLS
MEATBALLS
SANDWICH "HELLS KITCHEN"
SANDWICH "THE BARON"
CEASARS SALAD + MEATBALLS
MORE HACKZEUG
CHILI CON CARNE
BOLOGNESE + PASTA
TOPPINGS
TOPPINGS CLASSIC
TOPPINGS SPECIAL

{ ZUBEREITUNGSZEIT: 20 MINUTEN }

THE BARON SANDWICH

FÜR 4 PORTIONEN

160 g Sauce Bolognese (siehe Seite 76)
400 g Rinderhack
Salz und Pfeffer
2 EL Pflanzenöl
4 längliche Milchbrötchen (ersatzweise Hot-Dog-Brötchen)
60 g Cheddar, gerieben

Die Sauce Bolognese in einem kleinen Topf erwärmen.

Für die Meatballs das Hackfleisch in einer Schüssel gut durchkneten und mit Salz und Pfeffer würzen. Aus der Hackmasse 12 tischtennisballgroße Kugeln formen. Öl in einer beschichteten Pfanne erhitzen und die Meatballs darin bei mittlerer Hitze 8–10 Minuten von allen Seiten goldbraun braten.

Inzwischen den Backofen auf 180 °C vorheizen und die Brötchen längs ein-, aber nicht durchschneiden. Dann im vorgeheizten Ofen 5–6 Minuten aufbacken.

Zuerst je 3 Meatballs und danach etwas Sauce Bolognese in die Brötchen füllen, mit Cheddar bestreuen und sofort servieren.

TIPP

Die Meatballs nach dem Braten leicht andrücken. Das erleichtert das Essen und die Sauce kann wunderbar in die Meatballs einziehen.
Wer mag, kann das Sandwich noch mit etwas gehacktem Rucola bestreuen.

{ ZUBEREITUNGSZEIT: 30 MINUTEN }

SAUCE BOLOGNESE

FÜR 4 – 6 PORTIONEN

200 g Zwiebeln
1 Knoblauchzehe
100 g Staudensellerie
200 g Karotten
1 rote Chilischote
4 EL Olivenöl
200 ml Rotwein
400 ml Rinderfond
3 Lorbeerblätter
1 EL getrockneter Oregano
20 g Zucker
35 g Tomatenmark
425 g gehackte Tomaten
   (aus der Dose)
700 g Rinderhack
Salz und Pfeffer

Zwiebeln und Knoblauch schälen und fein würfeln. Sellerie und Karotten putzen und fein hacken. Die Chilischote ebenfalls fein hacken. Das Olivenöl in einem großen Topf erhitzen und das Gemüse darin anschwitzen. Mit Rotwein ablöschen und um die Hälfte einkochen lassen. Dann mit Rinderfond auffüllen, Lorbeerblätter, Oregano, Zucker, Tomatenmark und gehackte Tomaten zugeben und aufkochen. Nach dem Aufkochen das Hackfleisch unterrühren. Die Bolognese bei milder Hitze 1½ – 2 Stunden bei leicht geöffnetem Deckel garen. Zum Schluss mit Salz und Pfeffer abschmecken.

TIPP

Für noch mehr Deftigkeit 100 g Räucherspeck würfeln und zusammen mit dem Gemüse anbraten.

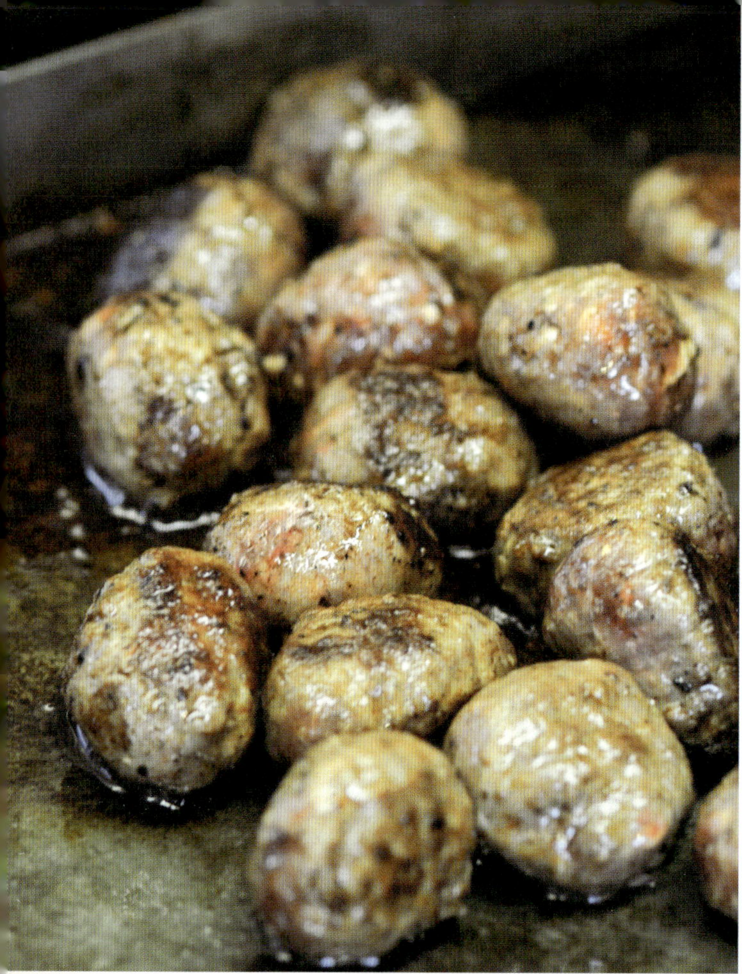

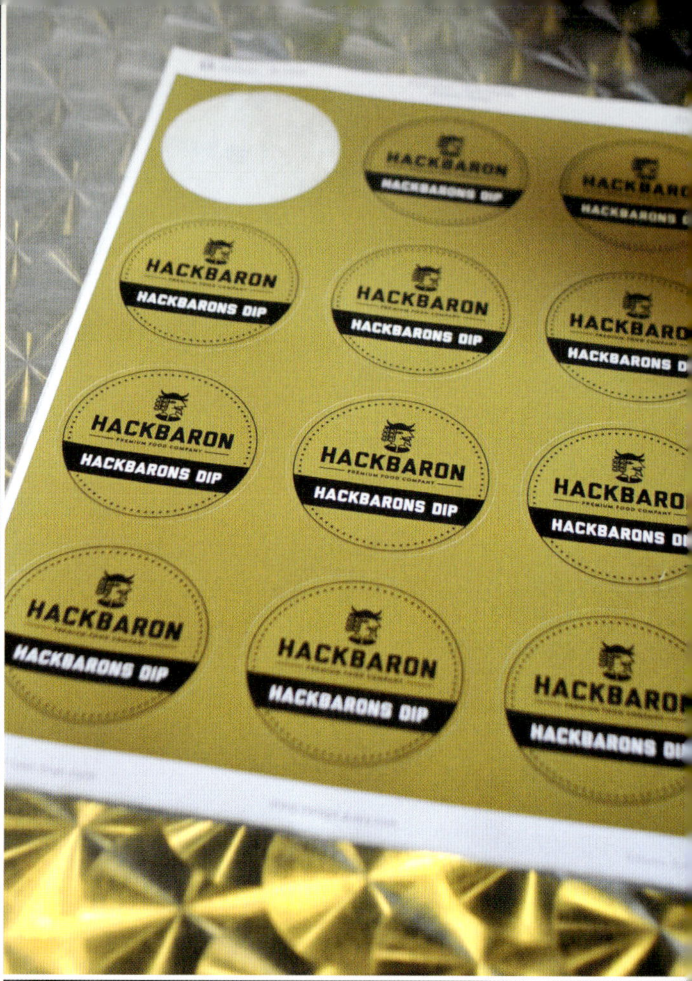
HACKBARON
PREMIUM FOOD COMPANY
HACKBARONS DIP

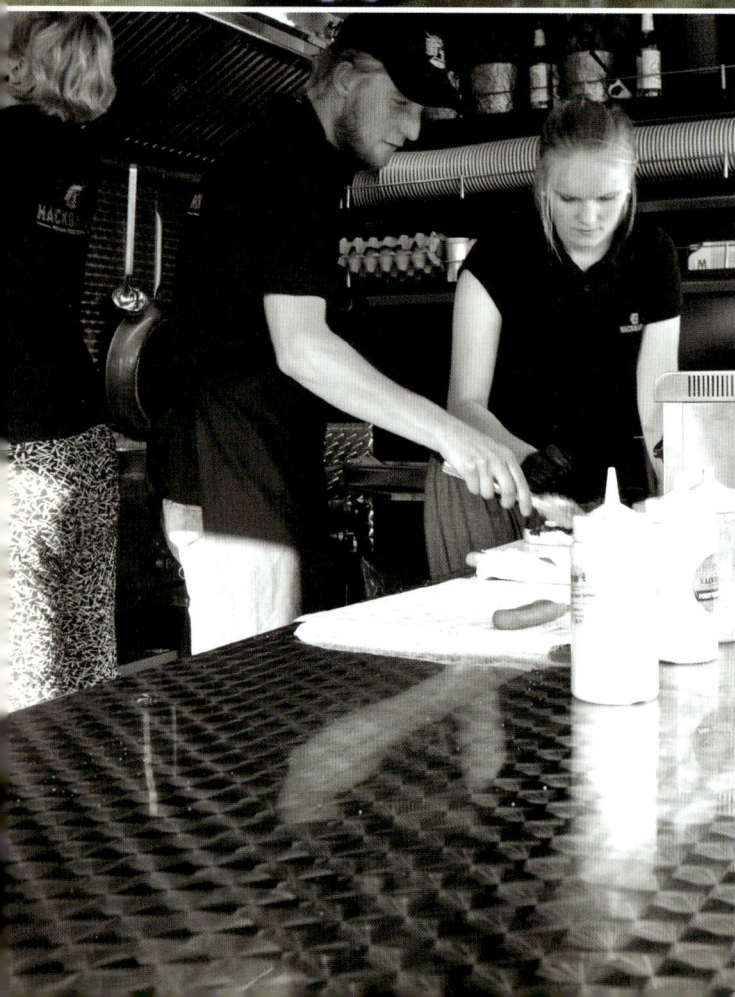

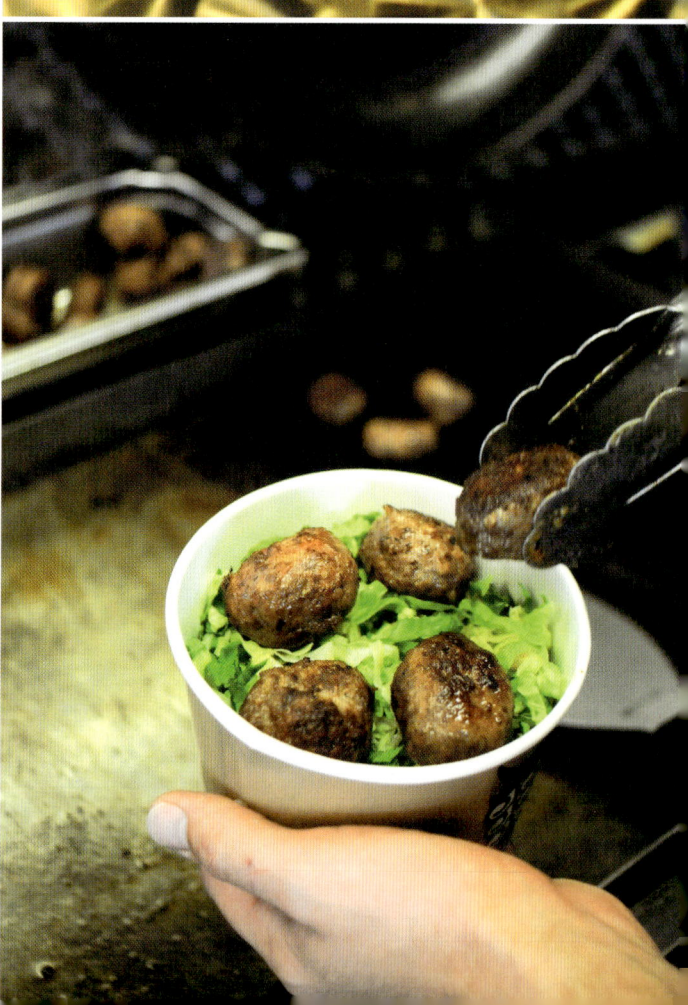

CAESAR SALAD

{ ZUBEREITUNGSZEIT: 30 MINUTEN }

FÜR 4 PORTIONEN

Für das Dressing den Knoblauch schälen und klein schneiden, dann mit den Sardellenfilets im Mörser zu einer feinen Paste verarbeiten. 10 g Parmesan fein reiben und mit der Paste, Traubenkernöl und Senf in ein schmales hohes Gefäß geben. Das Ei dazugeben und mit einem Mixstab fein pürieren. Den Stab dabei langsam nach oben ziehen, bis eine dickliche Sauce entstanden ist. Die Sauce mit Schmand verrühren und mit Salz, Pfeffer und Zitronensaft abschmecken.

Das Baguette in kleine Würfel schneiden und in einer beschichteten Pfanne bei mittlerer Hitze ohne Fett goldbraun rösten. Erst zum Schluss die Butter zugeben und zerlassen. Auf Küchenpapier abtropfen lassen.

Für die Meatballs das Hackfleisch in einer Schüssel gut durchkneten und mit Salz und Pfeffer würzen. Aus der Hackmasse 16 tischtennisballgroße Kugeln formen. Das Öl in einer beschichteten Pfanne erhitzen und die Meatballs darin bei mittlerer Hitze 8–10 Minuten von allen Seiten goldbraun braten.

Den restlichen Parmesan grob hobeln. Den Salat putzen, waschen, trocken schleudern, in Stücke schneiden und mit der Salatsauce mischen. Den Salat mit den Meat Balls anrichten und mit Croûtons und gehobeltem Parmesan bestreut servieren.

- 1 Knoblauchzehe
- 30 g Sardellenfilets in Öl
- 40 g Parmesan
- 120 ml Traubenkernöl (ersatzweise Sonnenblumenöl)
- 1 TL Senf
- 1 Bio-Ei (Größe M)
- 4 EL Schmand
- Salz und Pfeffer
- 2–3 EL Zitronensaft
- 80 g Baguette
- 1 EL Butter
- 480 g Rinderhack
- 2 EL Pflanzenöl
- 2 Romanasalatherzen

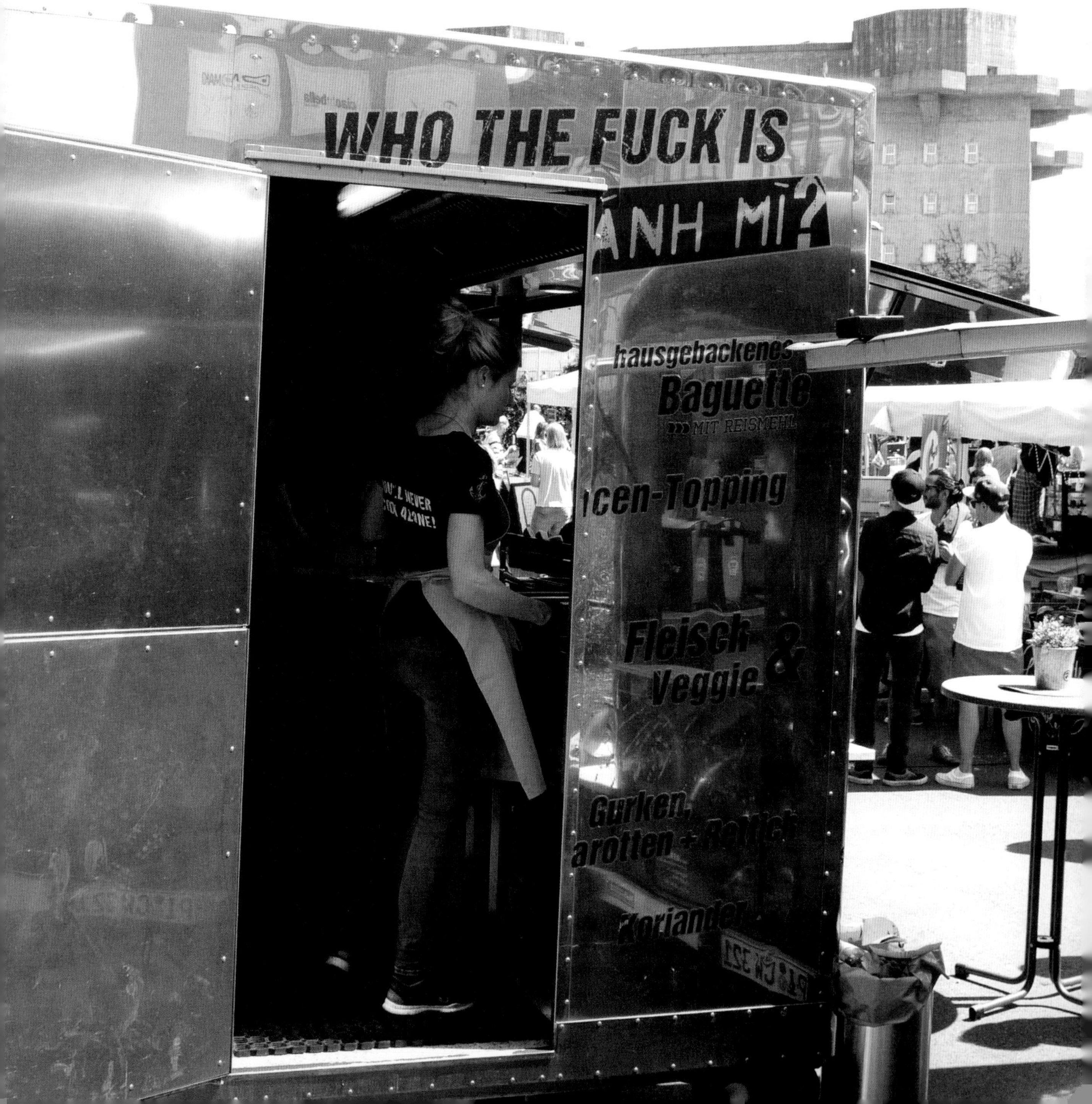

WHO THE FUCK IS ÁNH MÌ?

hausgebackenes **Baguette** MIT REISMEHL

ocen-Topping

Fleisch & **Veggie**

Gurken, arotten + Rettich

Koriander

KIEZKÜCHE

FEINSTES FUTTER FÜR KOPF UND BAUCH

Die „Kiezküche St. Pauli" widmet sich den kulinarischen Highlights des buntesten Stadtteils in Hamburg – und ist längst selbst zu einem wichtigen Baustein des Viertels geworden. Angefangen hat alles mit einer Schnapsidee.

KIEZKÜCHE

Am Anfang war der Schnaps. Bei einem gemeinsamen Kochabend mit Freunden machen sich Sandra und Chris gerade an den Absacker, als ihnen die Idee kam: ein Kochbuch über St. Pauli sollte es geben! Obwohl beide in eher „unkulinarischen" Berufen ihr Geld verdienen – sie ist PR-Beraterin, er in der Luftfahrt – lieben sie gutes Essen und Trinken und das Leben in St. Pauli. „Wir lieben diesen Stadtteil, mit all seinen Geschichten und Widersprüchen. Nirgendwo sonst ist die Hansestadt so bunt und weltoffen, so hart und herzlich zugleich", sagt Chris. Dass man rund um die Reeperbahn gut trinken kann, weiß ja jeder. Sandra und Chris wollten zeigen, dass auch das kulinarische Angebot einzigartig ist. Und so entstand das Kochbuch „Kiezküche St. Pauli – You'll never cook alone." Darin präsentieren die Macher und ihr Team Leckereien, die vom St. Pauli-Spirit inspiriert sind. Das Buch ist ein bunter Mix aus Rezepten, Reportagen und Portraits geworden, eine kulinarische Liebeserklärung an St. Pauli und seine Bewohner. „Über den Hafen sind Einflüsse aus aller Welt in den Küchen St. Paulis angekommen. Es gibt hier eigentlich nichts, was es nicht gibt. Und immer wieder entstehen ganz eigene Rezepte und kulinarische Konzepte, die es so nur hier geben kann", sagt Sandra. Weil das Buch voll einschlägt, wurden bald Kochevents und eine eigene Produktreihe angeboten. Später kamen Gruppenführungen durchs Viertel hinzu.

Seit November 2014 rollt nun auch ein eigener Food-truck durch Hamburg und sein Umland. An Bord: Die viel-geliebten Bánh mìs – vietnamesische Sandwiches, die mit frischem Grünzeug (asiatisch marinierten Karotten, Rettich, Gurke und Koriander), frisch gegrillter Rinder-hüfte (mit Zitronengras mariniert), Curry-Kokos-Huhn, Pulled Pork oder Tofu belegt werden. Als Topping gibt es selbst gemachte Saucen: Chili-Mayo, Soja-Sesam-Sauce, Mango-Curry-Sauce oder eine vegane Mayo. „Wir waren der erste Foodtruck in Hamburg, der diese Sandwiches an-geboten hat. Dass sie gleich so gut angenommen wurden und bis heute so beliebt sind, freut uns natürlich sehr", sagt Sandra. Außerdem gibt es Süßkartoffel-Pommes, die ebenfalls mit den selbst gemachten Saucen serviert werden. Darüber hinaus bietet die Kiezküchen-Crew auch wechselnde Gerichte aus dem Kochbuch an – je nach Laune echte Kiezklassiker oder Eigenkreationen wie den Hafenrocker (Burger mit Fisch).

JEDEN TAG FRISCH

„Alle Gerichte werden jeden Tag in unserer Futterstube an der Elbe vorbereitet, das ist unsere feste Küche mit Außer-Haus-Verkauf. Auf dem Truck werden alle Speisen dann frisch zubereitet", sagt Sandra. Die Köche der Kiez-küche legen dabei vor allem Wert auf Frische und eine hohe Qualität. „Unser Fleisch beziehen wir von ausgewähl-ten Produzenten aus Schleswig-Holstein, den Fisch kaufen wir direkt auf dem Fischmarkt vor unserer Haustüre ein. Das Gemüse kommt nach Möglichkeit auch aus regionalem Anbau", erklärt Sandra.

Am liebsten steht die Kiezküchen-Crew mit ihrem Truck auf dem Spielbudenplatz mitten auf St. Pauli. In heimi-schen Gefilden also. Dort gibt es in den Sommermonaten jeden Donnerstag den „Street Food Session - St. Pauli Straßenmampf" im typischen Reeperbahn-Flair aus Rot-licht, Rausch und Rock n` Roll. Die Kiezküche ist nicht nur dort ein bunter Farbtupfer.

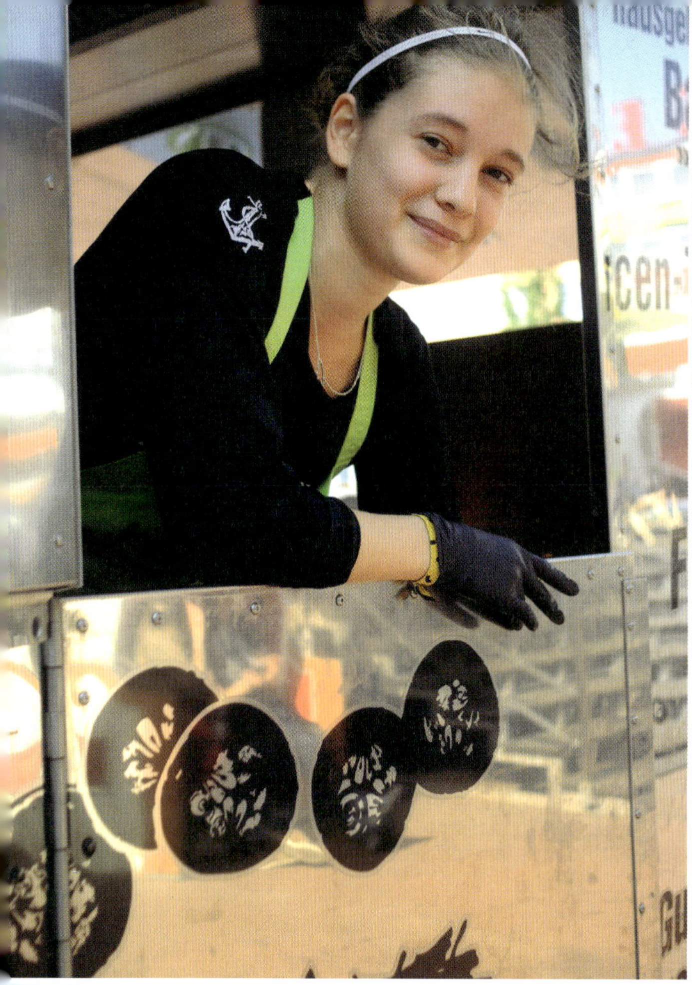

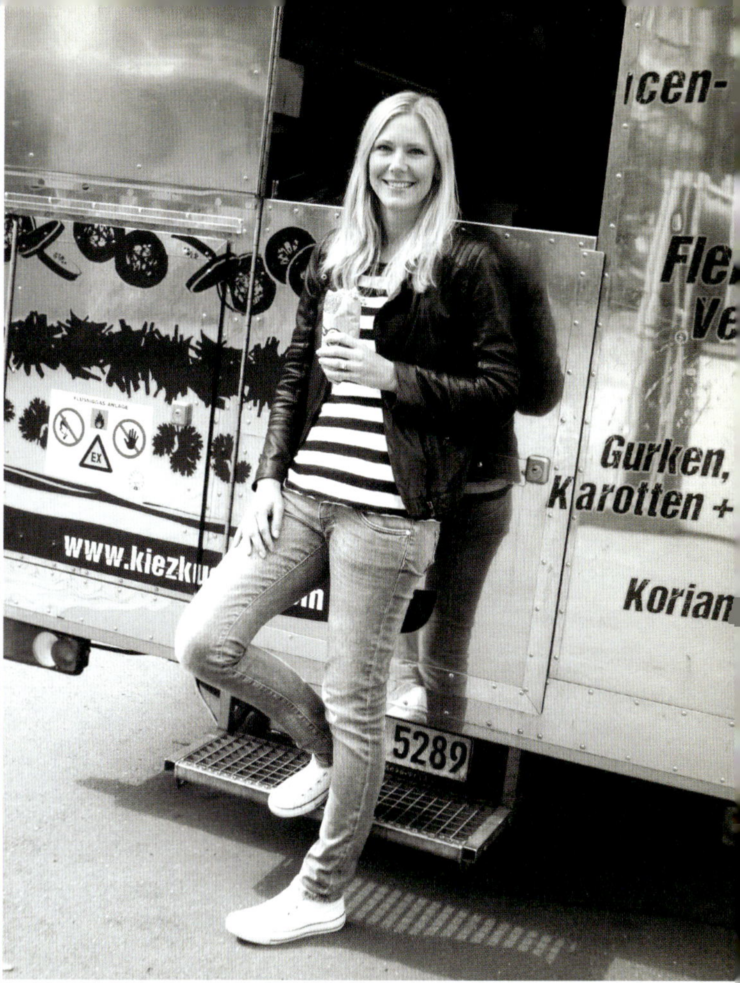
Gurken,
Karotten +
5289

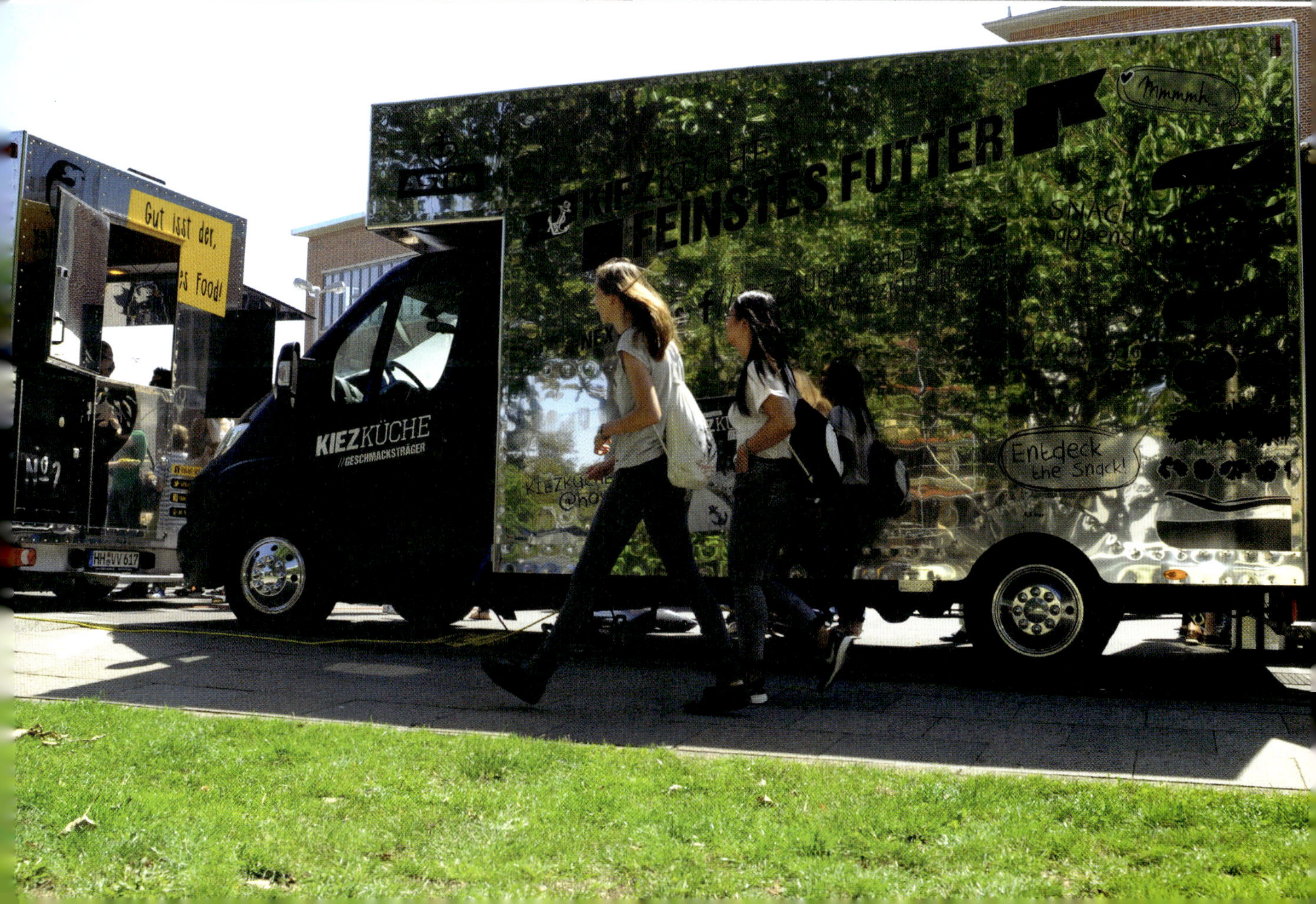
Gut isst der,
FEINSTES FUTTER
KIEZKÜCHE
//GESCHMACKSTRÄGER
Entdeck the Snack!
HH-VV 617

BÁNH MÌ MIT MARINIERTER RINDERHÜFTE

FÜR 4 SANDWICHES

600 g Rinderhüfte
5 Stängel Zitronengras
20 ml dunkle Sojasauce
10 ml helle Sojasauce
1 EL neutrales Pflanzenöl
   + etwas mehr zum Anbraten
Salz und Pfeffer
2 Karotten
½ Rettich
½ Salatgurke
½ Bund Koriander
200 ml Fischsauce
100 ml Reisessig
100 g Zucker
1 Zimtstange
3 Sternanis
frische Chilischoten
   (nach Geschmack)
4 Baguettebrötchen
   (die traditionellen Bánh
   mì-Brötchen werden mit
   Reismehl gebacken)

Die Rinderhüfte parieren (Sehnen und Fett entfernen), in feine Streifen schneiden und in eine Schüssel geben. Die äußeren, spröden Blätter vom Zitronengras entfernen und das weiße Innere in sehr feine Ringe schneiden. Beide Sojasaucen mischen, das Öl hinzugeben und mit Salz und Pfeffer abschmecken. Anschließend die Sauce über das Rindfleisch gießen und mindestens 4 Stunden im Kühlschrank marinieren lassen.

Karotten, Rettich und Salatgurke schälen und fein raspeln. Den Koriander waschen und grob hacken. Die Fischsauce mit Reisessig, Zucker, Zimt und Sternanis in einem kleinen Topf gut vermischen, zum Kochen bringen und so lange köcheln lassen, bis sie auf die Hälfte eingekocht ist. Anschließend die Sauce abkühlen lassen und dann das geraspelte Gemüse hinzufügen. Wer mag, kann noch etwas Chili in Ringe schneiden und unterrühren. Das Gemüse kurz marinieren lassen, dann Zimtstange und Sternanis entnehmen.

Die Brötchen aufschneiden und die untere Hälfte mit dem marinierten Gemüse belegen. Etwas Öl in einer Pfanne heiß werden lassen und das Rindfleisch darin anbraten. Anschließend auf das Gemüse geben und das Brötchen zuklappen. Als Topping schmeckt zum Beispiel eine selbst gemachte Mango-Curry-Mayonnaise.

BÁNH MÌ MIT CURRY-KOKOS-HUHN

FÜR 4 SANDWICHES

Die Hühnerbrüste in feine Streifen schneiden und in eine Schüssel geben. Die Kokosmilch mit dem Currypulver, der Austernsauce und dem Öl vermischen, dann mit Salz und Pfeffer abschmecken. Anschließend die Curry-Kokosmilch über das Hühnchen geben und mindestens 4 Stunden im Kühlschrank marinieren lassen.

Karotten, Rettich und Salatgurke schälen und fein raspeln. Den Koriander waschen und grob hacken. Die Fischsauce mit Reisessig, Zucker, Zimt und Sternanis in einem kleinen Topf gut vermischen, zum Kochen bringen und so lange köcheln lassen, bis sie auf die Hälfte eingekocht ist. Anschließend die Sauce abkühlen lassen und dann das geraspelte Gemüse hinzufügen. Wer mag, kann noch etwas Chili in Ringe schneiden und unterrühren. Das Gemüse kurz marinieren lassen, dann Zimtstange und Sternanis entnehmen.

Die Brötchen aufschneiden und die untere Hälfte mit dem marinierten Gemüse belegen. Etwas Öl in einer Pfanne heiß werden lassen und das Hähnchenfleisch darin anbraten. Anschließend auf das Gemüse geben und das Brötchen zuklappen. Als Topping schmeckt zum Beispiel eine selbst gemachte Mango-Curry-Mayonnaise.

3 Hühnerbrüste
100 ml Kokosmilch
30 g Currypulver
20 g Austernsauce
1 EL neutrales Pflanzenöl
  + etwas mehr zum Anbraten
Salz und Pfeffer
2 Karotten
1/2 Rettich
1/2 Salatgurke
1/2 Bund Koriander
frische Chilischoten
  (nach Geschmack)
200 ml Fischsauce
100 ml Reisessig
100 g Zucker
1 Zimtstange
3 Sternanis
4 Baguettebrötchen
  (die traditionellen Bánh mì-Brötchen werden mit Reismehl gebacken)

LACHSBURGER

FÜR 4 BURGER

Den Lachs in Scheiben schneiden. Die Salatgurke waschen und in feine Würfel schneiden.

Den Essig mit dem Zucker in einem Topf aufkochen lassen, die Gurkenwürfel dazugeben und kurz mit aufkochen. Anschließend aus dem Sud nehmen, beiseitestellen und abkühlen lassen.

Für die Senfsauce die Mayonnaise in eine Schale geben und mit Honig und Senf verrühren.

Den Salat waschen, putzen und in feine Streifen schneiden. Die Roggenbrötchen aufschneiden, etwas Salat auf die untere Brötchenhälfte legen, den Lachs daraufgeben und mit Senfsauce und Gewürzgurken garnieren.

Das Brötchen zuklappen und reinbeißen!

- 500 g frisches Lachsfilet (alternativ Räucherlachs in Scheiben)
- 1 unbehandelte Salatgurke
- 50 ml heller Essig
- 25 g Zucker
- 100 g Mayonnaise
- 3 EL Honig
- 2 EL Senf (am besten körnig)
- 8 – 10 Salatblätter (am besten Eisbergsalat)
- 4 Roggenbrötchen

SÜẞKARTOFFEL-POMMES MIT NUSSIGEM ZIEGENFRISCHKÄSE

FÜR 4 PORTIONEN

500 g Süßkartoffeln
700 ml Frittieröl (am besten neutrales Pflanzenöl)
20 g Mandeln
20 g Walnüsse
125 g Naturjoghurt
250 g Ziegenfrischkäse
Salz und frisch gemahlener schwarzer Pfeffer
einige Blätter Petersilie, frisch gezupft

Die Süßkartoffeln schälen und in Streifen von etwa ½ cm schneiden. Bei 150 °C in der Fritteuse etwa 1 Minute vorfrittieren und anschließend auf etwas Küchenpapier abtropfen lassen.

Mandeln und Walnüsse mit einem Messer hacken. Den Naturjoghurt und den Ziegenfrischkäse vermengen, mit den Nüssen mischen, dann mit Salz und Pfeffer würzen. Anschließend die frisch gezupfte Petersilie unterheben.

Die Pommes ein weiteres Mal in der Fritteuse bei etwa 190 °C knusprig ausbacken und kurz abtropfen lassen. Auf Tellern oder in Pommesschalen servieren und über jede Portion einen Klecks nussigen Frischkäse geben.

TIPP

Alternativ zum nussigen Ziegenfrischkäse passt auch eine selbst gemachte Chili-Mayonnaise. Die servieren wir auf unserem Truck sehr gerne als Topping.

QUARK-TIRAMISU MIT BEEREN-RAGOUT

FÜR 4 PORTIONEN

- 500 g frische Beeren der Saison
- 75 g Zucker (falls die Beeren sehr sauer sind, etwas mehr Zucker verwenden)
- 1 Vanilleschote
- 350 g Speisequark
- 100 g Puderzucker (wer es süßer mag, kann etwas mehr dazugeben)
- 50 ml Milch
- 8 Löffelbiskuits (auch glutenfrei erhältlich) + einige Brösel zum Dekorieren
- etwas Kakaopulver (nach Geschmack)

Die Beeren waschen, abtropfen lassen und etwas kleiner schneiden. Den Zucker in einem Topf erwärmen und karamellisieren lassen. Dann die Beeren dazugeben und auf die Hälfte einkochen lassen.

Die Vanilleschote längs einschneiden und das Mark herauskratzen. Den Quark mit Puderzucker, Milch und Vanillemark in eine Schüssel geben und glatt rühren. Die Löffelbiskuits in 4 mittelgroße Gläser oder eine größere Form legen (je nach Größe der Gläser oder der Schale, die Löffelbiskuits vorher eventuell etwas zerkleinern), anschließend Beerenragout und Quarkcreme darauf verteilen. Die oberste Schicht mit zerbröselten Löffelbiskuits und etwas Beerenragout garnieren und nach Wunsch mit Kakaopulver bestäuben.

KLASSISCHES TIRAMISU

FÜR 4 PORTIONEN

- 3 Eigelb
- 75 g Zucker
- 40 ml Amaretto
- 250 g Mascarpone
- 250 ml aufgebrühter Kaffee
- 250 g Löffelbiskuit
- 1 EL Kakaopulver

> Das klassische Tiramisu ist vor allem in der kälteren Jahreszeit, wenn es keine frischen Beeren gibt, eine leckere Variante.

Die Eigelbe in eine Schüssel geben und anschließend den Zucker und die Hälfte des Amarettos mit einem Schneebesen unterrühren. Danach den Mascarpone unterziehen. Den Rest des Amarettos mit dem Kaffee in einer flachen Schale vermischen. Die einzelnen Löffelbiskuits kurz in den Kaffee eintauchen den Boden einer flachen Schale damit bedecken. Die Mascarponecreme darauf verteilen und weitere Löffelbiskuits darauf schichten. So lange wiederholen, bis alle Zutaten aufgebraucht sind. Die letzte Schicht Creme mit Kakao bestäuben. Das Tiramisu im Kühlschrank erkalten lassen und dann genießen.

SELFIES WITH THE "TAQUEROS" ♥ ARE FOR FREE!

MEXIKO-STRASSE

DER SALSA-KÖNIG

Mit seiner „Mexiko-Straße" entführt Miguel seine Gäste auf eine Reise in seine Heimat und zeigt ihnen die Essgewohnheiten seiner Vorfahren.

MEXIKO-STRASSE

Trompeten, Akkordeon, Congas: Die Salsa- und Cumbia-Klänge sind schon von Weitem zu hören. Menschen jeden Alters bewegen dazu ihre Hüften und lächeln. Es wird gelacht und aufs Leben angestoßen. Und überall liegt der feurig-scharfe Duft von frischem Essen in der Luft. So erinnert sich Miguel an die bunten Straßen seiner Heimatstadt Mexico City. Und so sollen sich die Menschen fühlen, die ihn an seinem Foodtruck besuchen, dem er deshalb den Namen „Mexico Street" gegeben hat. „Wer schon einmal in Mexico war, soll sich dahin zurückversetzt fühlen. Und wer noch nie dort war, soll einen Eindruck bekommen von der mexikanischen Lebenskraft", sagt Miguel.

ALLES, NUR KEIN TEX-MEX

Vor allem die traditionelle mexikanische Küche aus dem Süden des Landes liegt ihm am Herzen. „Viele Menschen glauben, dass Burritos, Chili con Carne und Enchiladas typische mexikanische Gerichte sind. Dabei wurde diese Tex-Mex-Küche in den USA erfunden. Ich zeige die echte traditionelle Küche der Azteken, die Speisen unserer Vorfahren", sagt Miguel. Und die ist reichhaltig, abwechslungsreich, komplex – und immer frisch. 2010 wurde die mexikanische Küche von der UNESCO zum Weltkulturerbe ernannt.
Schon in seinen frühen Kindheitstagen hat Miguel das Kochen nach traditioneller Art gelernt. Von seiner Mutter. „Sie war meine erste Lehrerin, meine Mentorin. Sie ist der Grund, warum ich heute Koch bin", sagt er. Als 20-Jähriger erhielt er im Rahmen seiner Ausbildung an der „International Culinary School" ein Stipendium und wandert nach Europa aus. In Malaga, Spanien und in der Türkei verfeinert er seine Kochkünste und avanciert schnell zum gefragten Nachwuchskoch, der in Kochkursen und auf Show-Cooking-Events sein Wissen weitergibt. Vor fünf Jahren dann kam er nach Hamburg – und fand sofort eine neue Heimat. „Die Stadt ist wundervoll. Sie hat Flair und die Menschen hier sind frei und offen. Ich liebe das Wasser und die gute Luft hier", sagt Miguel.

HOMMAGE AN HAMBURG

Aber ihm fehlte auch etwas: eine gute Taqueria. Und so entstand die Idee zur „Mexiko-Straße". In seinem Truck bereiten Miguel und sein Team die besten Tacos der Stadt zu. „Wir füllen sie mit Rind-, Schwein- oder Hühnchenfleisch, mit Pute oder Scampis. Und natürlich gibt es auch eine vegetarische Variante", sagt Miguel. Eine Besonderheit ist der Fisch-Taco mit Nordsee-Lachs – sein Tribut an die Hansestadt. Serviert werden die Tortilla-Snacks mit sieben verschiedenen Salsas – Saucen in verschiedenen Schärfegraden, die mit frischen Tomaten und Tomatillos, mit Chilis, Koriander, Zwiebeln und Knoblauch gemacht werden. „Die Salsa macht alles", sagt Miguel.

Das Geheimnis seiner Tacos liegt in der Tortilla. Ihre Zubereitung ist ein aufwendiger Prozess. Seine Salsas verkauft er auch zum Mitnehmen. „Der Holzlöffel" hat er seine Produktreihe genannt. Außerdem will er bald in Hamburg einen eigenen Laden eröffnen und die Gäste mit seinen Tacos verwöhnen. Den Truck aber wird er behalten. „Ich genieße die lockere und kommunikative Atmosphäre auf dem Truck, das Miteinander mit den Gästen", sagt Miguel. Besucher lernen von ihm auch, wie man die Tacos richtig isst: Fixiert zwischen Daumen und Zeigefinger, den kleinen Finger abgespreizt. So wie seine Vorfahren es schon vor vielen hundert Jahren getan haben.

{ SCHWEINEFLEISCH TACOS }

TACOS DE COCHINITA PIBIL

FÜR 12 PORTIONEN

24 Tortilla-Fladen

MARINADE

5 Knoblauchzehen, roh
5 Knoblauchzehen, geschält und angeröstet
1 TL Zimt
50 g Achiote-Paste (mexikanische Paste aus den Samen des Orleansstrauches, auch unter Annato bekannt)
1 TL gemahlener Kreuzkümmel
1 TL Nelken
3 Chile de Arbol-Schoten (kleine rote mexikanische Chilischoten)
1 EL mexikanischer Oregano
150 ml Apfelessig
150 g Schweineschmalz
600 ml Orangensaft
150 ml Limettensaft
Salz

FLEISCH

2 kg Schweinefleisch mit Knochen
Salz
4 Bananenblätter

FÜLLUNG

500 g rote Zwiebeln
100 g Orangensaft
20 ml Limettensaft
20 ml Apfelessig
1 TL mexikanischer Oregano
Salz

Für die Marinade alle Zutaten im Mixer pürieren. Das Fleisch salzen, in eine große Schüssel geben und mit dieser Mischung marinieren. Anschließend in die Bananenblätter einwickeln und für 24 Stunden ruhen lassen.

Am nächsten Tag den Backofen auf 170–180 °C vorheizen und das Fleisch in einen großen Bräter geben und hineinschieben. Nach 3 Stunden testen, ob es schon zart ist. Es sollte sich leicht vom Knochen lösen. Ist das der Fall, das Fleisch aus dem Ofen nehmen und abkühlen lassen. Dann die Bananenblätter entfernen.

Anschließend das ganze Stück Fleisch vorsichtig grillen, bis es heiß und von allen Seiten gebräunt ist. Zum Schluss das Fleisch hacken und zum Fertigstellen der Tacos warm halten.
Alternativ das marinierte Fleisch in einen Topf geben und etwa 10 Stunden bei 120–130 °C sanft schmoren lassen. Es zerfällt dann in seine Fasern, ähnlich wie Pulled Pork.
Für die Füllung die roten Zwiebeln schälen und in dünne Scheiben schneiden. In eine Schüssel geben und für etwa 2 Stunden in einer Mischung aus Orangen- und Limettensaft, Apfelessig, mexikanischem Oregano und etwas Salz marinieren.

Zur Fertigstellung die Tortillas etwa 1 Minute pro Seite in einer Pfanne anwärmen. Erscheinen die Tortillas zu trocken, einige Spritzer Wasser oder ein paar Tropfen Öl daraufgeben. Dann eine Lage Fleisch darauf verteilen und mit den marinierten Zwiebeln abschließen. Zum Schluss mit den Fingern von beiden Seiten zusammenfalten.

TIPP

Wer Lust auf ein „Upgrade" hat: Einfach beim Metzger ein gutes Stück gepökelten Krustenbraten kaufen und das Fett separat grillen. Zum Servieren das Fett in kleine Stücke schneiden und mit dem Fleisch auf den Taco geben – schmeckt herrlich saftig!

{ RINDFLEISCH-TACOS }

TACOS DE CECINA

FÜR 6 PORTIONEN

Für die Füllung das Fleisch in dünne Scheiben schneiden, ist Fett daran, dieses abschneiden. Dann sehr gut von beiden Seiten salzen (mehr als gewöhnlich verwenden). Die Scheiben auf einem Backblech verteilen und etwa 2 Stunden stehen lassen. (am besten funktioniert das in der Sonne).

Das Fleisch anschließend mit Küchenpapier abtupfen und mit dem Schweineschmalz einstreichen. Die Zwiebeln schälen und klein schneiden. Dann das Fleisch grillen, die Zwiebeln in einer Grillpfanne anbraten und anschließend mit dem Fleisch mischen. Danach beides sofort etwas kleiner hacken. Für einen noch kräftigeren Geschmack gibt man an dieser Stelle noch etwas ebenfalls gehackte Schweinekruste hinzu.

Zur Fertigstellung die Tortillas etwa 1 Minute pro Seite in einer Pfanne anwärmen. Erscheinen die Tortillas zu trocken, einige Spritzer Wasser oder ein paar Tropfen Öl daraufgeben. Den Koriander waschen und hacken. Eine Lage Fleisch auf den warmen Tortillas verteilen, ein wenig Limettensaft aufträufeln und mit Zwiebeln sowie Koriander bestreuen. Mit Guacamole servieren.

TIPP

Für eine besonders saftige Fleischfüllung das Fleisch vor dem Servieren zum Beispiel mit einer Tomatensalsa mischen.

FÜLLUNG

250 g Rindfleisch
25 g Salz
25 g Schweineschmalz
100 g Zwiebeln
Schweinekruste (nach Wunsch)

FERTIGSTELLUNG

6 Mais-Tortillas
5 g frischer Koriander
Limettensaft
5 g Zwiebeln, fein gehackt
100 g Guacamole (siehe Seite 106)

GUACAMOLE

FÜR 4 PORTIONEN

1 kleine weiße Zwiebel
1 Knoblauchzehe
1 Jalapeño-Schote
20 g frischer Koriander
3 reife Avocados
1 Tomate
Saft von 1 Limette
Salz

Die Zwiebel schälen, so klein wie möglich hacken und für 20 Sekunden unter kaltem Wasser in einem Sieb abwaschen. Anschließend trocknen lassen. Den Knoblauch schälen und sehr fein hacken. Die Jalapeño-Schote aufschneiden, entkernen und ebenfalls fein hacken. Den Koriander waschen und fein hacken.

Die Avocados aufschneiden, die Kerne entfernen und das Fleisch mit einem Löffel in eine Schüssel schaben. Mit Zwiebel, Knoblauch, Chili und Koriander mischen und mit einem Kartoffelstampfer oder Ähnlichem grob pürieren.

Die Tomate waschen, entkernen und in Würfel schneiden, dann unter die Creme rühren. Zum Schluss mit Limettensaft und Salz abschmecken. Bei Zimmertemperatur servieren.

TIPP

Man wäscht in Mexiko die Zwiebel, um ihnen ihre Schärfe zu nehmen, aber den Geschmack beizubehalten. Für eine geschmacklich kräftigere Version kann man Zwiebeln, Knoblauch und Chili anrösten, bis sie sich leicht schwarz färben und Blasen werfen.
Damit die Guacamole ihre grüne Farbe möglichst lange behält, den Avocadokern darin lassen und mit Frischhaltefolie abgedeckt im Kühlschrank aufbewahren.

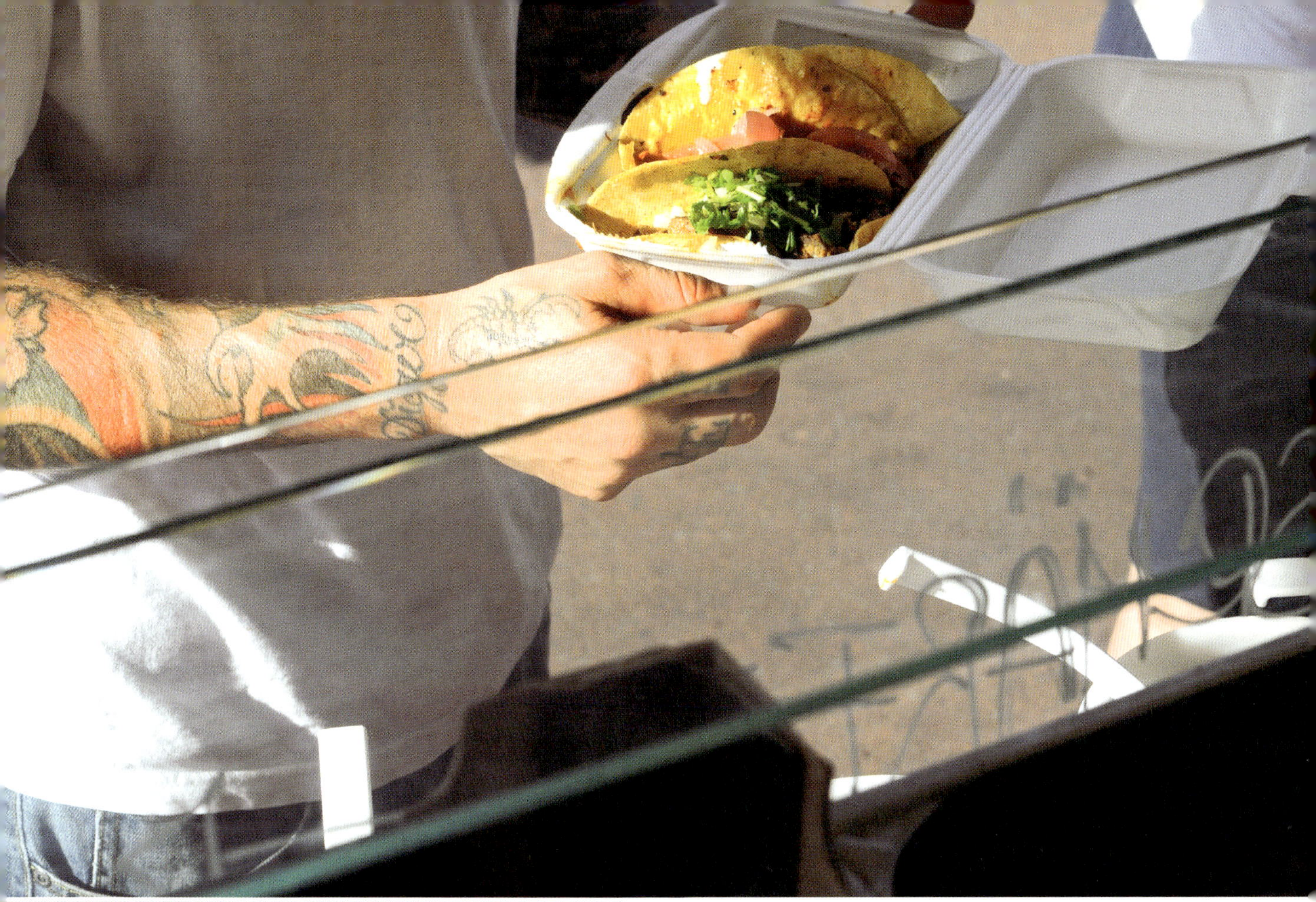

MEXIKO STR.
HONEST & URBAN FOOD

MEXIKO STR.
HONEST & URBAN FOOD

MEXIKO STR.

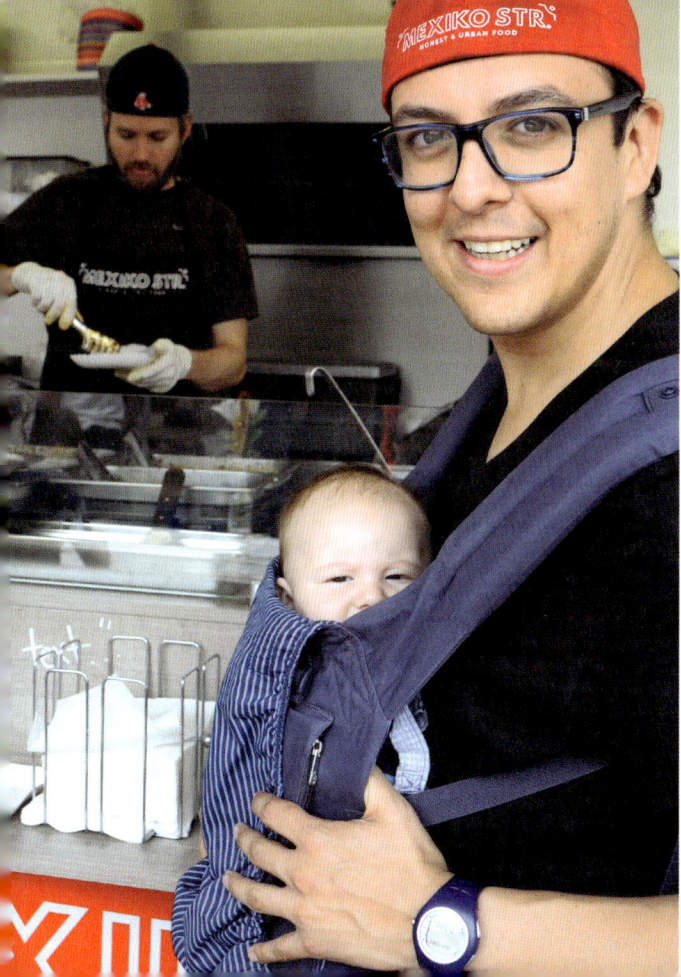

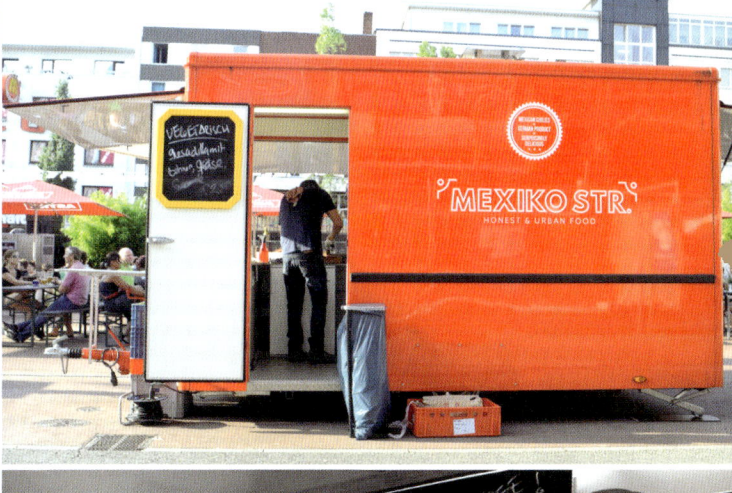

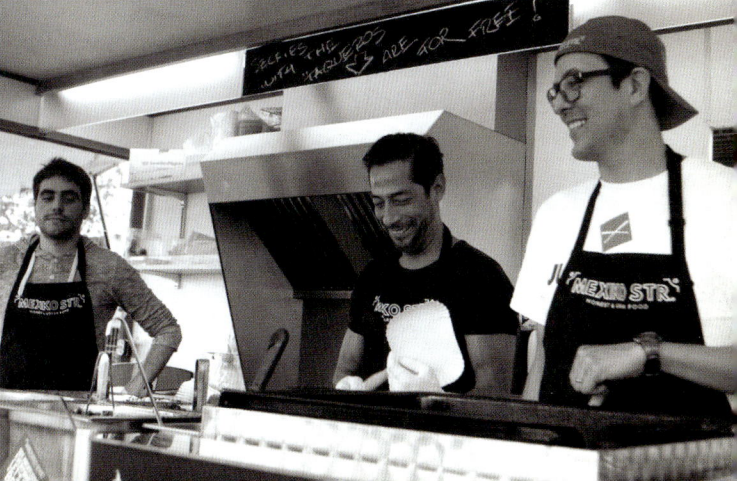

{ MEXIKANISCHE MAISKOLBEN „STREET STYLE" }

ELOTES

FÜR 4 PORTIONEN

Die Maiskolben mit Zwiebel, Knoblauch, Chilis und Epazote in einen Topf geben, die Brühe angießen und das Ganze 30 Minuten kochen lassen. Abgießen und abkühlen lassen. Die Chipotle-Chilis mit der Mayonnaise mit einem Mixstab zu einer homogenen Creme verarbeiten.

Den Grill vorheizen und die Maiskolben grillen, bis sie gleichmäßig gebräunt sind. Alternativ bei mittlerer Hitze in einer Grillpfanne braten. Die gegrillten Maiskolben auf die Holzstäbchen spießen und mit etwas Limettensaft bestreichen. Dann zusätzlich mit der scharfen Mayonnaise bestreichen und zum Schluss mit dem geriebenen Käse bestreuen.

TIPP

Die Chipotle-Mayonnaise kann gerne auch durch „normale" Mayonnaise oder auch die Light-Variante ersetzt werden. Hat man mal keine Lust, den Grill anzuheizen, schmecken die Kolben auch ungegrillt super lecker.

MAISKOLBEN

- 4 Maiskolben
- 1 Zwiebel, geschält
- 4 Knoblauchzehen, geschält
- 2 Chile de Arbol-Schoten (kleine rote mexikanische Chilischoten)
- 1 TL Epazote, gezupft (mexikanisches Bohnenkraut)
- 1 l Hühner- oder Gemüsebrühe
- Salz

FERTIGSTELLUNG

- 2 Chipotle-Schoten (geräucherte, reife Jalapeño-Chilis)
- 200 g Mayonnaise
- Saft von 3 Limetten
- 150 g Añejo-Käse (würziger Hartkäse), gerieben
- 4 Holzstäbchen

{ ERDNUSS-SALSA }

SALSA DE CACAHUATE

FÜR 500 ML

Die Knoblauchzehen schälen und in einem Topf mit dem Rapsöl goldbraun anbraten. Die Erdnüsse in eine Pfanne geben und ohne Fett goldbraun rösten. Dabei darauf achten, dass sie nicht anbrennen. Die Chilischoten in kaltem Wasser abwaschen. Dann aufschneiden, Stielansatz, Samen und Zwischenwände entfernen und zum Knoblauch in den Topf geben. Die Chilis 2 Minuten anrösten, dabei immer wieder mit einem Holzlöffel umrühren.

Die Zwiebel schälen und in kleine Würfel schneiden, die Tomate waschen, ebenfalls in Würfel schneiden und beides zur Knoblauch-Chili-Mischung in den Topf geben. Wasser angießen, bis der Topfinhalt gerade bedeckt ist. Dann mit Apfelessig, Oregano und Salz abschmecken.

Das Ganze etwa 20 Minuten kochen lassen und anschließend mit einem Mixstab zu einer Masse mit glatter Konsistenz verarbeiten.

Vor dem Servieren den Koriander dazugeben und nochmals kurz mixen. Bei Zimmertemperatur servieren.

8 Knoblauchzehen
150 ml Rapsöl
200 g ungesalzene Erdnüsse
10 getrocknete Chile de Arbol-Schoten (kleine rote mexikanische Chilischoten)
1 getrocknete Chile Guajillo-Schoten (milde bis scharfe mexikanische Chilischoten)
1 kleine weiße Zwiebel
1 Tomate
1 EL Apfelessig
1 TL mexikanischer Oregano
Salz
10 g frischer Koriander

TIPP

> Bitte unbedingt darauf achten, dass die Chilis nicht zu braun geröstet werden. Das gibt ihnen einen unangenehm bitteren Geschmack.

{ GEFÜLLTE KÄSE-TORTILLAS }

QUESADILLAS CASERAS DE FRIJOLES REFRITOS

FÜR 10 PORTIONEN

BOHNEN

- 250 g Frijoles (schwarze Bohnen)
- 2 l Wasser
- 1 kleine Zwiebel, halbiert
- 1 EL Pflanzenöl + etwas zum Anbraten
- 1 TL Epazote, gezupft (mexikanisches Bohnenkraut)
- Salz
- 2 Knoblauchzehen

FERTIGSTELLUNG

- 10 Tortilla-Fladen
- 200 g geriebener Käse (am besten Gouda oder noch besser Kaschkawal aus der Türkei)
- 200 g Guacamole (siehe Seite 106)
- 75 g Crème fraîche, leicht gesalzen
- 50 g Añejo-Käse (würziger Hartkäse), gerieben

Die Bohnen in einer Schüssel etwa 12 Stunden in Wasser einweichen. Anschließend das Einweichwasser abgießen und die Bohnen mit 2 l Wasser, Zwiebel und Öl für 2 Stunden bei schwacher Hitze kochen lassen. Danach Epazote und Salz dazugeben und für 30 Minuten weiterkochen. Dann abkühlen lassen und anschließend abtropfen.

Den Knoblauch schälen und hacken, die Zwiebel ebenfalls schälen und klein hacken. Beides zusammen in etwas Öl in einer Pfanne anschwitzen. Dann die Bohnen dazugeben, kurz anbraten und anschließend mit einem Mixstab zu Mus verarbeiten.

Die Tortilla-Fladen in einer Pfanne ohne Fett auf beiden Seiten etwa ½ Minute erhitzen, so werden sie etwas flexibler. Dann eine Schicht Bohnenpüree aufstreichen und mit einer weiteren Lage Käse bestreuen. Die Tortilla-Fladen dann zusammenfalten und von beiden Seiten für etwa 3 Minuten in der Pfanne erhitzen, bis der Käse etwas geschmolzen ist. Mit Guacamole, Crème fraîche und Queso Añejo servieren.

TIPP

Wer diese vegetarische Version in eine unglaublich leckere Version mit Fleisch umwandeln möchte, brät einfach etwas Chorizo und Bacon mit Zwiebeln und Knoblauch an, bevor die Bohnen in die Pfanne gegeben werden.

FRAUEN MIT GESCHMACK

Pierogen, Bigos, Golobki: Bei „Pani Smak" gibt es traditionelle Gerichte aus Polen. Chefin Julia und ihre Tante schließen damit eine gastronomische Lücke.

PANI SMAK

„Deftig, herzhaft, gesund – so wie Hausmannskost eben sein muss": So beschreibt Julia die polnische Küche. Die 33-Jährige ist mit den Speisen ihrer Eltern und Großeltern groß geworden. Schon früh hat sie in der Küche bei der Zubereitung mitgeholfen und gelernt, worauf es dabei ankommt.

Dass es in Hamburg nur wenige polnische Restaurants gibt, wundert sie. Denn polnische Küche liegt voll im Trend: „Bei uns wird sehr viel mit Gemüse gekocht, es gibt viele vegetarische und vegane Gerichte und das meiste ist handgemacht", sagt Julia. Und so entscheidet sie sich, die Gastro-Lücke selbst zu schließen. „Eigentlich wollte ich ein kleines Restaurant eröffnen. Doch dann hatten wir die Idee mit dem Truck", sagt sie. Als Namen für ihr Projekt wählte sie „Pani Smak" (Frau Geschmack). Kein Name könnte besser passen. Denn was hier gekocht wird, schmeckt immer.

VOLLE SPEISEKARTE

Die Speisekarte bei „Pani Smak" umfasst 20 Gerichte. Besonders beliebt sind die Pierogi – halbrunde Teigtaschen mit Fleisch-, Sauerkraut-Pilz-, Paprika-Quark-Gouda-, Kartoffel-Hüttenkäse- oder Obst-Quark-Füllung. Obendrauf gibt es ein Topping aus Schmand, Zwiebeln und Speck. „Das Geheimnis guter Pierogi ist ein dünner Teig und eine frische Füllung sowie die richtige Kochzeit", verrät Julia. Weitere Hauptspeisen sind unter anderem Golobki (Kohlrouladen) und Bigos (Schmortopf aus Sauerkraut und Weißkohl mit Fleischeinlage). Es sind Gerichte, die zum Teil mehrere Hundert Jahre alt sind. Ein Hit im Winter sind die warmen Suppen, etwa die Rote-Bete-Suppe, die Saure Gurkensuppe, die Hühner- und die Sauermehlsuppe. Als Beilage wird zum Beispiel Rote-Bete-Salat oder bunter Salat gereicht. Wer dann noch kann, wird mit Szarpaniec (Baiserkuchen), Sernik (Käsekuchen) oder Jablecznik (Apfelkuchen) süß belohnt.

ZUTATEN AUS DER HEIMAT

Die meisten Zutaten stammen direkt aus Polen. „Pani Smak" importiert zum Beispiel den Hüttenkäse, den Pfeffer und den Majoran. Alle paar Wochen fährt Tante Krystyna rüber und macht einen Großeinkauf. „Es schmeckt einfach besser mit den Original-Zutaten", sagt Julia. Was sie in gleicher Qualität regional bekommen, kaufen sie vor Ort. Das Fleisch etwa stammt aus dem Hamburger Umland.

Rezepte im eigentlichen Sinne gibt es bei „Pani Smak" nicht. Statt genauer Mengenangaben und exakter Garzeiten kocht Frau Geschmack lieber frei Schnauze, so wie es in Polen Tradition ist. „Wichtig ist, dass die Waren frisch sind und alles in Handarbeit selbst gemacht wird. Denn das kann man schmecken", sagt Julia. Ihre Gäste sehen das genauso. Immer wieder mal kommt es vor, dass die Ware schon vor Veranstaltungsende ausgegangen ist. „Wenn wir ausverkauft sind, sind wir ausverkauft." Kurzfristiges Nachkochen geht dann nicht mehr. Dafür ist die Vorbereitung zu aufwendig.

Die Arbeit im Wagen teilt sich Julia mit ihrer Tante Krystyna. Während Julia sich um die Kunden kümmert, übernimmt Krystyna das Kochen. Im nächsten Jahr will „Pani Smak" wachsen. Ein zweiter Truck wäre eine Option. Am liebsten aber würde Julia bald einen eigenen Laden in Hamburg eröffnen. „Es wird höchste Zeit, dass diese wunderbare Küche entdeckt wird", sagt sich Julia. Recht hat sie...

Polnische Küche

PIEROGI MIT PAPRIKA

FÜR 4 PORTIONEN

350 g Mehl, Öl und etwas Salz in eine Schüssel geben. Etwas lauwarmes Wasser hinzufügen und das Ganze vermengen. Sollte die Masse noch zu fest sein, noch ein wenig Wasser zugeben. Solange, bis sich eine weiche Masse ergibt.

Etwas vom übrig gebliebenen Mehl auf die Arbeitsfläche geben und den Teig solange kneten, bis er nicht mehr klebt und geschmeidig geworden ist. Sollte er noch zu klebrig sein, etwas zusätzliches Mehl hinzugeben. Den Teig anschließend mit einem Nudelholz 2–3 mm dick ausrollen und mithilfe eines Glases (5–6 cm Durchmesser) Kreise ausstechen.

Für die Füllung die Paprikaschoten waschen, entkernen und in kleine Würfel schneiden. Alternativ einen Multizerkleinerer verwenden. Die Paprikawürfel mit etwas Öl in eine Pfanne geben und andünsten. Anschließend in eine Schlüssel geben und abkühlen lassen.
Die abgekühlten Paprikawürfel mit Quark und geriebenem Käse vermengen und mit Salz, Pfeffer sowie Paprikapulver abschmecken.

TIPP

> Sollte die Masse zu flüssig sein, ein wenig Paniermehl hinzufügen. Eine etwas festere Masse lässt sich besser in die Teigplätzchen füllen.

Anschließend etwa 1 TL der Füllung auf die Teigkreise geben, zusammenklappen und die Ränder mit den Fingern vorsichtig zusammenpressen. Die fertigen Pierogi auf eine bemehlte Fläche legen.

Einen mittelgroßen Topf zu ¾ mit Wasser füllen, salzen und zum Kochen bringen. Die Pierogi in das kochende Wasser geben. Kurz warten, bis das Wasser wieder aufkocht, dann die Hitze herunterschalten. Die Pierogi 2–3 Minuten weiterköcheln lassen, mit einem Schaumlöffel herausheben und servieren.

FÜR DEN TEIG

400 g Mehl (davon 50 g zur Teigverarbeitung)
3 EL Pflanzenöl
Salz

FÜR DIE FÜLLUNG

3–4 rote Paprikaschoten (oder Farbe der Schote nach Wunsch)
Pflanzenöl
200 g Quark
100 g Gouda (alternativ auch Emmentaler), gerieben
je 1 Prise Salz, Pfeffer und süßes Paprikapulver

TIPP

> Am besten schmecken die Pierogi mit angebratenem Speck, Zwiebeln und einem Klecks Schmand.

BIGOS

FÜR 6 – 8 PORTIONEN

Die Schweinerippchen scharf in Öl anbraten, dann in eine Schüssel geben und zur Seite stellen. Das Sauerkraut unter kaltem Wasser abspülen und gut ausdrücken. Die Zwiebeln schälen und mit der Wurst in Scheiben schneiden.

Dann alles mit Lorbeer, Piment und Pilzen in einen ausreichend großen Topf schichten. Die erste Schicht sollte Sauerkraut sein, ebenso die letzte. Zum Schluss mit Paprikapulver sowie Salz und Pfeffer würzen. Den Eintopf mit Wasser auffüllen, sodass das Sauerkraut bedeckt ist.

Den Bigos zum Kochen bringen und etwa 2 Stunden köcheln lassen. Anschließend abkühlen lassen und nochmals 2 Stunden kochen lassen. 2 – 3 Tage so fortfahren.
In der Zwischenzeit immer wieder gut umrühren und die abgelösten Knochen von den Rippchen entfernen. Den Bigos zwischendurch im abgekühlten Zustand probieren und gegebenenfalls nachwürzen.

500 g Schweinerippchen
Pflanzenöl
1,5 kg Sauerkraut
2 große Zwiebeln
200 g Wurst
  (z. B. Pfefferwurst oder eine andere Hartwurst)
3 Lorbeerblätter
5 Pimentkörner
6 – 7 getrocknete Steinpilze
  (alternativ: andere Pilze, z. B. Maronen)
½ EL Paprikapulver
Salz und Pfeffer

TIPP

Am besten schmeckt Bigos mit angebratenem Speck und etwas Schmand.

PIEROGI MIT SAUERKRAUT UND STEINPILZEN

FÜR 4 PORTIONEN

FÜR DEN TEIG

400 g Mehl (davon 50 g zur Teigverarbeitung)
3 EL Pflanzenöl
Salz

FÜR DIE FÜLLUNG

500 g Sauerkraut
1 Prise Kümmel
4–5 getrocknete Steinpilze (alternativ: andere Pilze, z. B. Maronen)
1–2 Zwiebeln
Pflanzenöl
Salz und Pfeffer

TIPP

Am besten schmecken die Pierogi mit angebratenem Speck, Zwiebeln und einem Klecks Schmand.

350 g Mehl, Öl und etwas Salz in eine Schüssel geben. Etwas lauwarmes Wasser hinzufügen und das Ganze vermengen. Sollte die Masse noch zu fest sein, noch ein wenig Wasser zugeben. Solange, bis sich eine weiche Masse ergibt.

Etwas vom übrig gebliebenen Mehl auf die Arbeitsfläche geben und den Teig solange kneten, bis er nicht mehr klebt und geschmeidig geworden ist. Sollte er noch zu klebrig sein, etwas zusätzliches Mehl hinzugeben. Den Teig anschließend mit einem Nudelholz 2–3 mm dick ausrollen und mithilfe eines Glases (5–6 cm Durchmesser) Kreise ausstechen.

Für die Füllung das Sauerkraut unter kaltem Wasser abspülen und gut ausdrücken. Dann in einen Topf geben und so viel Wasser angießen, dass das Sauerkraut bedeckt ist. Ein wenig Kümmel dazugeben und das Sauerkraut solange kochen, bis es weich ist. Dies dauert etwa 30 Minuten.

In der Zwischenzeit die Pilze in etwas Wasser in einem Topf zum Kochen bringen und etwa 15 Minuten kochen lassen. Anschließend abtropfen lassen. Die Zwiebeln schälen, in kleine Würfel schneiden und in Öl anbraten, bis sie braun geworden sind.

Sobald das Sauerkraut weich ist, abgießen, in einem Sieb abtropfen und auskühlen lassen. Das abgekühlte Sauerkraut anschließend fest ausdrücken, sodass keine Restflüssigkeit mehr austritt.

Ausgedrücktes Sauerkraut und Pilze hacken. Alternativ einen Multizerkleinerer verwenden. Sauerkraut, Pilze und Zwiebeln in einer Schüssel vermengen und mit Salz und Pfeffer abschmecken.
Anschließend etwa 1 TL der Füllung auf die Teigkreise geben, zusammenklappen und die Ränder mit den Fingern vorsichtig zusammenpressen. Die fertigen Pierogi auf eine bemehlte Fläche legen.
Einen mittelgroßen Topf zu ¾ mit Wasser füllen, salzen und zum Kochen bringen. Die Pierogi in das kochende Wasser geben. Kurz warten, bis das Wasser wieder aufkocht, dann die Hitze herunterschalten.
Die Pierogi 2–3 Minuten weiterköcheln lassen, mit einem Schaumlöffel herausheben und servieren.

BARSZCZ

{ DA MAN DEN BARSCZ TRINKT, IST JEDEM SELBST ÜBERLASSEN, WIE VIEL DAVON. }

Zur Vorbereitung die Roten Beten schälen und kurz unter kaltem Wasser abspülen. Dabei immer Einweghandschuhe tragen, da Rote Bete abfärbt.

Anschließend in grobe Stücke schneiden und in ein Einmach- oder Gurkenglas geben. Die Gläser zuvor unbedingt mit kochend heißem Wasser ausspülen, alternativ in den Geschirrspüler geben.
Dann Salz, Gurkengewürz und Brotkruste in das Glas geben und bis zum Rand mit heißem Wasser füllen.

Das Ganze fest verschließen und für 3–5 Tage an einem warmen Platz stehen lassen.

Danach das Glas öffnen, den entstandenen Sud durch ein Sieb in eine Schlüssel gießen und den Sud anschließend abmessen. Je nachdem wieviel Sud entstanden ist (abhängig von der Größe des Einmachglases), wird zusätzlich noch Gemüsebrühe benötigt. (Etwa ⅓ der Sudflüssigkeit. Je nach gewünschtem Geschmack kann noch mehr hinzugefügt werden.)

Die Gemüsebrühe erhitzen und 1–2 Stücke der Roten Bete hinzugeben, sodass die Brühe eine rote Farbe annimmt. Sobald die Bete erblasst ist, herausnehmen und den Sud hinzufügen. Bitte darauf achten, dass die Brühe nicht mehr kocht, wenn der Sud angegossen wird, da er sonst seine Farbe verliert.

Die Suppe zum Schluss mit Majoran, Zucker, Salz und Pfeffer abschmecken.

3–4 große Rote Beten
1 TL Salz
2 TL Gurkengewürz
  (Einmachhilfe)
1 Stück Kruste vom
  Sauerteigbrot
Gemüsebrühe
  (gekauft oder selbst
  gemacht)
Majoran
Zucker
Salz und Pfeffer

ZUREK

FÜR 4 PORTIONEN

Weißwurst mit Lorbeerblättern und Piment in einen Topf geben und im Wasser aufkochen, danach die Weißwurst herausnehmen und zur Seite legen. Den Sud nicht wegschütten. Aus dem Sud wird die Suppe gemacht.

Währenddessen die Zwiebel schälen und anschließend mit dem Speck oder der Hartwurst klein schneiden. Letzteres in einer Pfanne mit etwas Öl anbraten, nach ein paar Minuten die Zwiebeln dazugeben und kurz vermengen. Danach eine Knoblauchzehe hineinpressen. Alles für etwa 10 Minuten anbraten.

Dann die gebratene Zwiebel-Speck-Mischung herausnehmen und in den Weißwurstsud geben und umrühren. Das Ganze etwas köcheln lassen.

In der Zwischenzeit die Weißwurst schälen und in Scheiben schneiden.

Den Roggenschrot zur Suppe (Weißwurstsud) geben und unterrühren. Dann Sahne und Mehl miteinander verrühren und 1 EL der heißen Suppe zur Sahnemischung geben und ebenfalls verrühren. Erst dann die Sahnemischung zum Rest der Suppe geben und mit einem Schneebesen verrühren. Aufkochen und weitere 10 Minuten köcheln lassen.

Zum Schluss alles mit Salz, Pfeffer und Majoran abschmecken. Die Suppe mit Weißwurstscheiben und hart gekochten Eiern servieren.

300 g Weißwurst, Speck und/oder getrocknete Hartwurst
2 Lorbeerblätter
3 – 4 Pimentkörner
1 l Wasser
1 große Zwiebel
Pflanzenöl
1 Knoblauchzehe, geschält
250 ml vergorener Roggenschrot (erhältlich in polnischen Läden oder auf Märkten bei Händlern mit polnischen Spezialitäten)
125 ml Sahne
1 EL Mehl
Salz und Pfeffer
1 TL Majoran
4 hart gekochte Eier

BAISERKUCHEN

FÜR 1 KUCHEN, SPRINGFORM (26 CM Ø)

6 Eier
500 g Mehl
200 g weiche Butter
1 Pck. Backpulver
1 Pck. Vanillezucker
2 EL Kakao
1 Glas Pflaumenmarmelade
300 g Zucker

Die Eier trennen. Dann Mehl, Eigelb, Butter, Backpulver und Vanillezucker zu einem Teig vermengen, diesen halbieren. Zur einen Hälfte das Kakaopulver geben und unterrühren, sodass eine helle und eine dunkle Teighälfte entstehen.

Beide Hälften in Frischhaltefolie einrollen und für 3 Stunden ins Gefrierfach legen.

Eine Springform mit Backpapier auslegen. Dann zuerst die helle Hälfte des Teiges mithilfe einer Reibe in die Form reiben, sodass der Boden bedeckt ist. Wichtig: 2–3 cm des Teiges übrig lassen und zur Seite stellen. Danach die Pflaumenmarmelade auf dem Teigboden verstreichen. Anschließend die dunkle Teighälfte auf die Marmeladenschicht reiben. Ebenfalls 2–3 cm des Teiges aufbewahren.

Den Backofen auf 160 °C vorheizen. Das Eiweiß zusammen mit dem Zucker über einem Dampfbad steif schlagen. Den Eischnee auf der dunklen Schicht verteilen. Zum Schluss die zur Seite gestellten Teigreste über die Eischneeschicht reiben. Den Kuchen etwa 50 Minuten im vorgeheizten Backofen backen.

DAS JAMBALAYA-ORAKEL

Wie Fantasy-Autor Terry Pratchett
Lena und Phil dazu brachte,
kulinarische Spezialitäten aus New Orleans
in einem Foodtruck nach Hamburg
zu bringen.

SOUL FOOD TRUCK

Bei uns ist es noch weitgehend unbekannt. Dabei ist Jambalaya ein absoluter Klassiker der Cajun-Küche. Ein Pfannengericht mit Langkornreis, das mit Gemüse, saftigem Hähnchen und scharfer Chorizo verfeinert wird. Eine herzhafte Cajun-Gewürzmischung und die sogenannte „Heilige Dreifaltigkeit" aus Zwiebeln, mildem Gemüsepaprika und Staudensellerie runden das Rezept ab. Jambalaya ist mehr als nur ein Essen. „Aus einer guten Jambalaya kann man die Zukunft vorhersagen" – so steht es zumindest in Terry Pratchetts Roman „Total verhext". Für Lena wird dieser Satz zur ganz persönlichen Prophezeiung. Als sie mit 16 Jahren das Buch liest, wurde ihr Interesse für die Speisen aus New Orleans geweckt und der erste Baustein für den „Soul Food Truck" gelegt – einem Foodtruck, der die Cajun-Küche nach Deutschland bringt. Als sie 2013 dann auf Phil und seine Foodtruck-Pläne stieß, ging alles ganz schnell.

Als Cajuns werden die französischstämmigen Einwanderer im US-Bundesstaat Louisiana bezeichnet. Ihre Küche ist eng verwandt mit der kreolischen Küche des Bundesstaates, die sich in New Orleans entwickelt hat. „Obwohl ich selbst nie dort gewesen bin, fasziniert mich New Orleans mit seinen Einflüssen aus Voodoo, Mardi Gras und Jazz", sagt Lena. Diese Vielfalt zeigt sich auch in der Cajun-Küche, die frische und gesunde Zutaten mit feurigen Gewürzen kombiniert. Besonders das Miteinander beim Essen mag Lena. „Es gibt nichts Geselligeres, als gemeinsam an einem Tisch zu sitzen und gutes Essen zu teilen. Jambalayas sind dafür perfekt geeignet", sagt sie.

ESSEN FÜRS HERZ UND FÜR DIE SEELE

Neben Jambalaya bieten Lena und Phil auch Sandwiches an: Den „Poor Boy" mit saftigem Pulled Beef, gewürzt mit der hauseigenen New Orleans-Gewürzmischung, Salat und Tomate. Und den „Muffuletta", der reich mit Salami, Kochschinken, Mozzarella und Gouda belegt und mit hausgemachtem Olivensalat serviert wird. Als fleischfreie Alternative zum Jambalaya gibt es „Veggie Ètoufée" sowie den Soul Salad Cheese mit cremigem Gorgonzola und knackigen Pekanüssen. Als Desserts sind Whiskey-Schoko-Muffins, Sweet Potatoe und Pecan Pies im Angebot. Alle Gerichte haben Lena und Phil selbst weiterentwickelt und gekocht. „Alles wird mit viel Herz und Seele zubereitet und soll auch dem Herz und der Seele guttun. Deshalb haben wir diesen Namen gewählt", erklären die beiden. Dass dies gelingt, zeigen die vielen positiven Reaktionen, die Lena und ihr Geschäftspartner Phil bekommen. „Wir hatten schon Einheimische bei uns zu Gast, die völlig begeistert waren. Und auch die, die bei uns ihre allererste Jambalaya probieren, sind hin und weg", sagt Lena. Der Soul Food Truck bringt echtes Mississippi-Feeling nach Hamburg. Demnächst will sie ihren lang gehegten Traum erfüllen und nach New Orleans reisen. „Dann werde ich drei Dinge tun: 1. mir alle Sehenswürdigkeiten ansehen, 2. alles essen, was ich zwischen die Finger bekomme und 3. mir einen Koch schnappen und ihm ganz genau über die Schulter schauen, um neue Inspirationen zu bekommen." Ihre Gäste in Hamburg wird das sicher freuen.

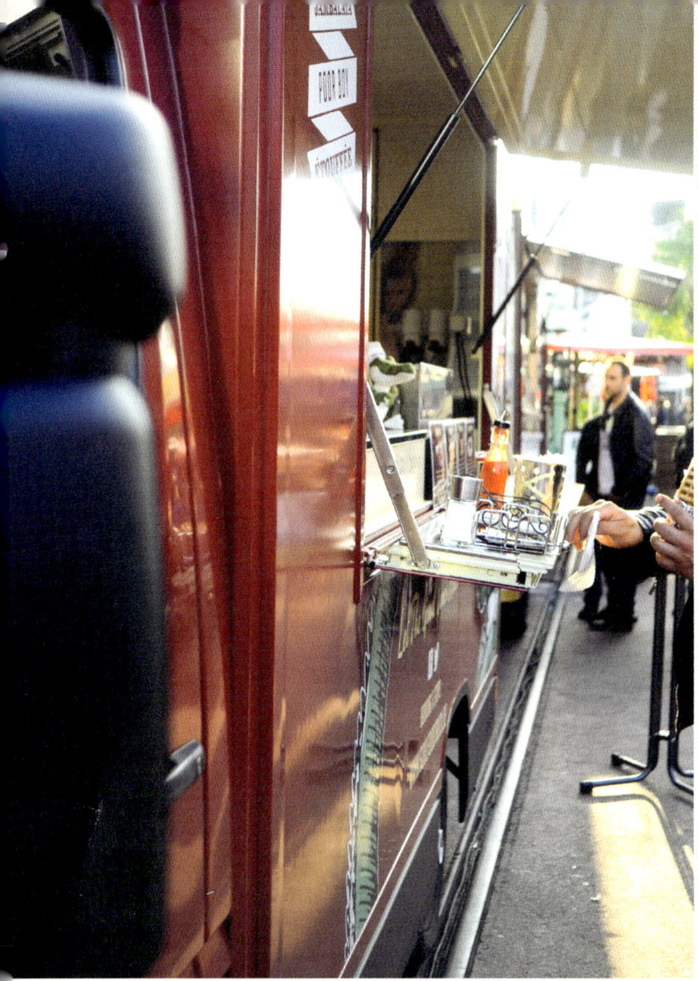

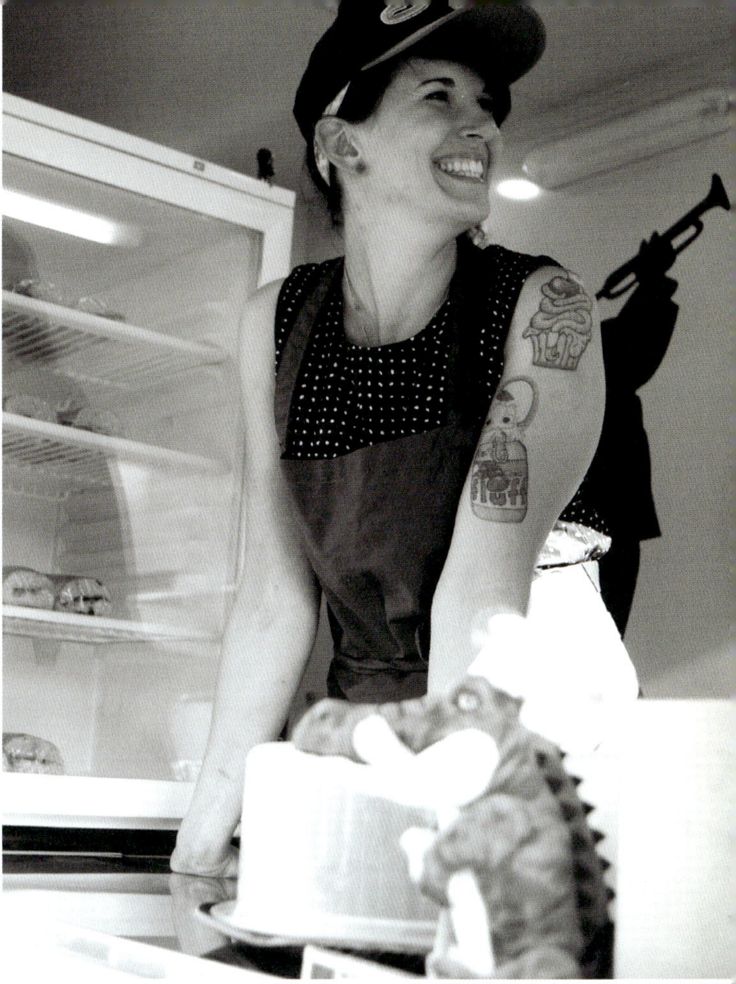

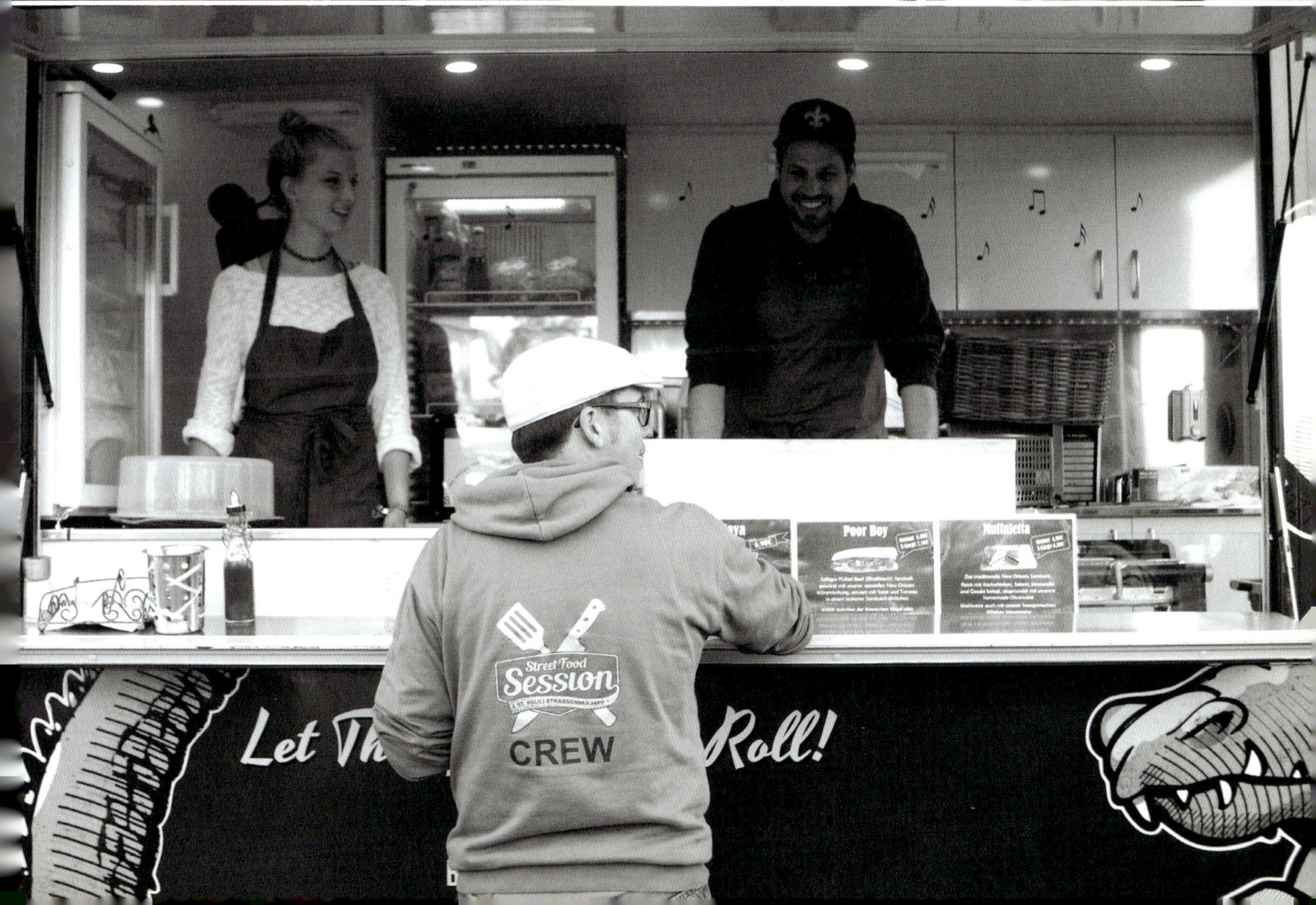

Poor Boy
Muffuletta
Street Food Session
CREW
Let
Roll!

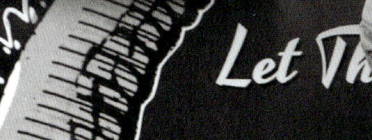

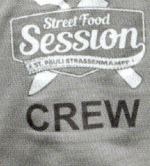

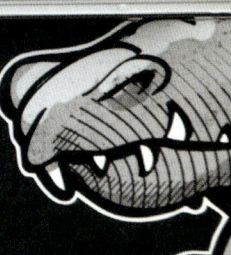

FLEISCH „POOR BOY"

FÜR 8 SANDWICHES (28 X 7 CM)

1,8 kg Rinderbraten
3 EL Rapsöl zum Einreiben
   + 2 EL zum Anbraten
2 TL Salz
2 TL Pfeffer
100 g Zwiebeln
1 Knoblauchzehe
2 TL Cajun-Würzmischung
   (spezielle Würzmischung
   auf Basis von Thymian,
   Majoran, Pfeffer, Knoblauch
   und Paprika)
2 TL Knoblauchpulver
etwa 1,5 l Rinderbrühe
Speisestärke

Das Fleisch mit Öl einreiben und mit je 1 TL Salz und Pfeffer pro Seite würzen. Zwiebel und Knoblauch schälen und in Würfel schneiden bzw. hacken. Das Fleisch in einem großen Topf mit Deckel von allen Seiten in Öl anbraten und anschließend mit der Gewürzmischung sowie Knoblauchpulver würzen. Dann Zwiebel und Knoblauch dazugeben und glasig anschwitzen. Die Rinderbrühe angießen, bis das Fleisch etwa zur Hälfte damit bedeckt ist. Den Deckel aufsetzen und alles 3–5 Stunden köcheln lassen. Dabei immer darauf achten, dass nicht zu viel Flüssigkeit verkocht und wenn nötig etwas Brühe nachgießen. Wenn das Fleisch mit einem Löffel leicht auseinander gedrückt werden kann, ist es fertig. Dann einen Teil der Brühe abgießen, aber aufbewahren. Das Pulled Beef in seine einzelnen Fasern zerteilen und die Brühe mit Speisestärke zu einer sämigen Sauce binden. Bei Bedarf mit Würzmischung und Salz nachwürzen.

"POOR BOY" SANDWICH-VARIANTEN

POOR BOY UNDRESSED

1. 1 Baguette
2. Fleisch mit Sauce daraufschichten
3. hineinbeißen und genießen!

POOR BOY DRESSED

1. 1 Baguette, gute Mayonnaise, knackige Salatblätter und frische Tomaten
2. Baguette mit Mayo bestreichen und mit Salat und Tomatenscheiben belegen
3. Fleisch mit Sauce daraufschichten
4. hineinbeißen und genießen!

SOUL SALAD CHEESE

FÜR 8 PORTIONEN

Den Salat waschen und klein schneiden. Gurke und Tomaten ebenfalls waschen und in mundgerechte Stücke schneiden. Die beiden Salatsorten mischen und auf einer Platte anrichten, Gurken-, Tomaten- und Paprikastücke sowie Mais darauf verteilen und mit gehackten Pekannüssen und Gorgonzola dekorieren. Vor dem Servieren mit der Soul-Vinaigrette (siehe unten) begießen.

1 Kopf Eisbergsalat
1 Kopf Lollo Rosso
1 unbehandelte Salatgurke
4 Tomaten
2 rote Paprikaschoten
1 Dose Mais
250 g Pekannüsse, gehackt
250 g Gorgonzola dulce, gezupft

SOUL-VINAIGRETTE

FÜR ETWA 8 PORTIONEN

Salz und Rotweinessig gründlich in einem hohen Behälter verquirlen, dann Senf, Ahornsirup, Zimt und Pfeffer nach Geschmack dazugeben. Weiterquirlen und das Öl schrittweise unterziehen, bis eine sämige Vinaigrette entstanden ist.

1 TL Salz
9 EL Rotweinessig
1 ½ TL Senf
3 EL Ahornsirup
1 TL Zimt
frisch gemahlener schwarzer Pfeffer
18 EL Rapsöl

PRAWN ÉTOUFFÉE

FÜR 6 PORTIONEN

Die Zwiebel schälen und in kleine Würfel schneiden, den Sellerie waschen, die Fäden abziehen und in dünne Scheiben schneiden. Die Paprikas waschen und in Würfel schneiden. Anschließend alles in Butter anschwitzen, bis die Zwiebeln glasig sind. Dann das Mehl dazugeben, auf mittlerer Flamme 10 Minuten rösten und dabei gut rühren. Achtung: Nicht anbacken lassen. Tomatenmark und Zucker dazugeben und 5 Minuten weiterrühren, dann den Krustentierfond angießen und weitere 5 Minuten kochen lassen. In der Zwischenzeit die Frühlingszwiebeln waschen und in Ringe schneiden, den Fisch in große Würfel. Die Petersilie waschen und hacken. Dann mit Shrimps sowie Salz und der Gewürzmischung dazugeben, nochmals 10 Minuten köcheln lassen. Den Zitronensaft dazugeben und mit Salz nachschmecken. Vom Herd nehmen und vor dem Servieren 20 Minuten ruhen lassen. Den Reis gar kochen, die Étouffée vor dem Anrichten aufkochen und zusammen mit dem Reis servieren.

TIPP

Lust auf vegetarisch? Nehmt einfach statt Shrimps und Fisch frisches Gemüse eurer Wahl und ersetzt den Krustentierfond durch Gemüsefond. Die Mengen bleiben gleich, achtet beim Gemüse aber auf den Garpunkt. Gebt langsam garende Sorten gleich mit der Brühe dazu, schnell garende erst später. Die Mengen bleiben gleich.

1 Zwiebel
2 Selleriestangen
2–3 rote Paprikaschoten
3 EL Butter
3 EL Mehl
3 EL Tomatenmark
1 TL Zucker
500 ml Krustentierfond
2 Frühlingszwiebeln
250 g Seelachs-Filet
10 g glatte Petersilie
250 g Shrimps
1 TL Salz
1 TL Cajun-Gewürzmischung (spezielle Würzmischung auf Basis von Thymian, Majoran, Pfeffer, Knoblauch und Paprika)
Saft von ½ Zitrone
480 g Reis

JAMBALAYA

FÜR 7 PORTIONEN

- 3 EL Tomatenmark
- 2 TL Zucker
- 500 g gehackte Tomaten
- 600 g passierte Tomaten
- 40 g Cajun-Gewürzmischung
  + etwas zusätzlich (spezielle Würzmischung auf Basis von Thymian, Majoran, Pfeffer, Knoblauch und Paprika)
- 3 Lorbeerblätter
- 150 g Chorizo
- 4 Hähnchenschenkel, entbeint
- Salz
- 1 mittelgroße Zwiebel
- 2 Selleriestangen
- 2–3 rote Paprikaschoten
- 1–2 gelbe Paprikaschoten
- 750 ml Hühnerbrühe
- 550 g Reis

Tomatenmark und Zucker in einem Topf anrösten, gehackte und passierte Tomaten dazugeben und mit Gewürzmischung und Lorbeerblättern aufkochen. Die Herdplatte ausschalten und etwa 30 Minuten ziehen lassen. Die Chorizo in etwa 5 mm dicke Scheiben schneiden und in einem zweiten Topf anbraten. Achtung, das geht schnell, nicht anbrennen lassen. Dann die Chorizo entnehmen, die Hähnchenschenkel mit Salz und etwas Gewürzmischung würzen und im selben Topf goldbraun anbraten.

Die Zwiebel schälen und in etwa 5 mm große Würfel schneiden. Den Sellerie waschen, die Fäden abziehen und in etwa 3 mm dicke Scheiben schneiden. Die Paprikaschoten waschen und in Stücke schneiden. Sobald die Hähnchenschenkel angebraten sind, Zwiebeln und Sellerie dazugeben und wenn die Zwiebeln glasig und der Sellerie weich ist, Hühnerbrühe sowie Tomatenmischung dazugeben und etwa 20 Minuten köcheln lassen. Anschließend die Hähnchenschenkel entnehmen und leicht abkühlen lassen. Danach Chorizo und Paprikawürfel zugeben. Die Hähnchenschenkel enthäuten, zerpflücken und wieder dazugeben. Das Jambalaya aufkochen und den Reis unterrühren. Wenn der Reis gar ist, mit Salz und der Würzmischung abschmecken.

TIPP

Als Topping zum Jambalaya passt eine Louisiana Style Hot Sauce wunderbar.

WHISKEY-SCHOKO-MUFFINS

FÜR 8 GROSSE MUFFINS

Am Vortag die Füllung vorbereiten: Dazu Sahne, Crème fraîche und Milch erhitzen. Die Temperatur reduzieren, die Schokolade dazugeben und ständig rühren, da die Mischung leicht anbrennt. Wenn die Masse glatt ist, vom Herd nehmen und den Whiskey unterrühren. Anschließend in Eiswürfelbehälter füllen und nach dem Abkühlen über Nacht in den Gefrierschrank stellen.

Am nächsten Tag den Ofen auf 200 °C vorheizen und ein Muffinblech mit Papierförmchen auslegen. Mehl, Kakaopulver und Backpulver in eine große Schüssel sieben und alles mit Zucker vermengen. Dann Vanillearoma, Ei, Joghurt, Milch und Rapsöl in einer zweiten Schüssel vermischen, bis eine glatte Masse entstanden ist. Diese zur Mehlmischung geben und vorsichtig vermengen, bis die Masse gerade glatt und gut durchgemischt ist.

Die Whiskey-Füllung aus dem Gefrierschrank nehmen, 1 EL des Teiges in jede Mulde geben und je einen Whiskey-Würfel mittig hineinsetzen. Den restlichen Teig gleichmäßig in den Förmchen verteilen, das Blech in den Ofen schieben und 15–20 Minuten auf mittlerer Schiene backen.

FÜR DEN TEIG

- 300 g Mehl
- 50 g Kakaopulver
- 1 Pck. Backpulver
- 200 g Zucker
- 1 Pck. Vanillearoma (etwa 5 g)
- 1 Ei
- 150 g Naturjoghurt
- 125 ml Milch
- 125 Rapsöl

FÜR DIE FÜLLUNG

- 100 ml Sahne
- 50 g Crème fraîche
- 50 ml Milch
- 100 g Schokolade (70 % Kakaogehalt), gehackt
- 20 ml Whiskey

1 Muffinblech + Papierförmchen

CAFÉ AU LAIT „NEW ORLEANS STYLE"

FÜR 3 TASSEN

2 TL (etwa 14 g) etwas stärker gerösteter Kaffee, gemahlen
1 TL (7 g) Chicory (getrocknete Zichorien- oder Wegwartenkraut-Wurzel), gemahlen
250 ml Milch
Zucker

Kaffeepulver und Chicory im Verhältnis 2:1 in die Kaffeemaschine geben und wie gewohnt aufbrühen. Die Milch aufkochen und die kochende Milch gleichzeitig mit dem Kaffee im Verhältnis 1:1 in eine Tasse gießen. Bei Bedarf mit Zucker süßen.

TIPP

1. Für Naschkatzen: Für eine köstliche Schokonote einen Löffel echtes Kakaopulver mit in den Filter geben.
2. Du hast dich verquatscht und der Kaffee ist kalt? Egal, schmeckt super als Eiskaffee!

NEW ORLEANS STYLE IRISH COFFEE

FÜR 1 BECHER

2 EL Irish Whiskey
1 TL Zucker
heißer NO Style Kaffee
geschlagene Sahne

In einem Becher Whiskey mit Zucker vermischen, bis sich der Zucker aufgelöst hat. Dann mit dem Kaffee bis 2 cm unter den Rand auffüllen. Schlagsahne auf den Kaffee geben und genießen.

MASSIMOS PIZZAMOBIL

DIE PIZZA-ESSENZ

Buxtehude statt Sardinien:
Wie Massimo einen Traum aufgeben musste,
um sein Glück zu finden.

MASSIMOS PIZZAMOBIL

Eigentlich träumten Melanie und Massimo von einem gemeinsamen Leben unter der italienischen Sonne. „Wir wollten nach Cagliari ziehen, wo ich geboren bin, und uns dort eine Existenz aufbauen", sagt Massimo. Das Paar, das zuvor fünf Saisons lang gemeinsam ein Restaurant in der Schweiz geführt hatte, wollte am Mittelmeer eine eigene Pizzeria eröffnen. Doch die Wirtschaftslage auf der Sonneninsel erwies sich als denkbar schlecht. Und so zogen die beiden stattdessen nach Deutschland – ins nördliche Buxtehude. „Das Leben ist eben nicht nur Strand und Meer", sagt Massimo.

Im beschaulichen 40.000-Einwohner-Städtchen läuft alles zunächst nach Plan. Doch dann wurde es turbulent. Massimo verlor seinen Job, Melanie wurde schwanger. Das Paar entschließt sich, diese Wendungen des Schicksals zu nutzen und entwickelt die Idee zu ihrem „Pizzamobil". Denn eine gute Pizza, die ist schwer zu finden. „Die meisten Pizzen in Deutschland werden anders zubereitet als in Italien", sagt Massimo. Und weil das deutsch-italienische Paar die Dinge gerne selbst in die Hand nimmt, kaufen sie sich einen Imbisswagen, entwickeln Rezepte und gehen als „Massimo´s Pizzamobil" auf Tour. Sie übernimmt die Organisation und das Catering, er konzentriert sich auf die warmen Speisen und Pizzen. „Wir haben 2009 angefangen. Damals gab es weit und breit noch keinen Markt für Foodtrucks. Wir waren quasi Pioniere", sagt Massimo. In den ersten Wochen stehen sie vor Supermärkten. Doch schnell spricht sich die hohe Qualität der Pizzen herum. Heute gelten seine Pizzen deutschlandweit als die besten, die mobil auf einem Truck zubereitet werden.

DÜNN, KROSS UND MIT RAND

„Das A und O einer guten Pizza ist der Teig", sagt Massimo. Oft werde er fälschlicherweise mit Eiern, Butter und Zucker zubereitet, wie bei einem Kuchenteig. Dabei gehöre zu einem echten Pizzateig nichts weiter als Mehl, Hefe, Wasser und Salz. Gebacken werden sollte ein Pizzateig in einem Steinofen – dünn und kross und mit einem leckeren Rand. In seinem Truck knetet Massimo den Teig nicht einfach, er wirft ihn durch die Luft, fängt ihn auf und belegt ihn in Windeseile. Die Gäste vor dem Truck lieben das.

Für seine Pizzen verwendet Massimo nur die frischesten Zutaten. Prosciutto di Parma, Grana Padano, Spianata Calabrese (scharfe Salami aus Calabrien), Mozzarella, Olivenöl – beinahe alles importiert er von ausgewählten Händlern aus seinem Heimatland. „Nur so kann ich eine original italienische Pizza machen, wie ich sie aus meiner Kindheit kenne", sagt er. Zwölf verschiedene Variationen haben sie im Angebot. Darunter die Klassiker wie zum Beispiel Margherita, Prosciutto e Funghi, Salami e Peperoni, Napoli. Aber auch ausgefallenere Sorten wie Gamberoni, Primavera, Pizza Caprese mit hausgemachtem Pesto, Spinacci e Gorgonzola sind im Angebot. Melanies Liebling ist die „Bianca Italia" – mit frischem Mozzarella, Cherrytomaten, Parmesansplittern, Rucola, Trüffelöl und Oregano. Massimo liebt die Margherita. Oft wird der Truck auch für private Veranstaltungen gebucht, für Geburtstage, Hochzeiten, Firmenfeste und Festivals. Bei solchen Veranstaltungen gibt es auf Wunsch auch andere Spezialitäten der italienischen Küche. Vitello Tonnato, gebratene Gambas, Zucchiniröllchen gefüllt mit Kräuterfrischkäse und Parmaschinken, sardische Hackfleischbällchen in Tomatensauce, Minutensteaks in Zitronensauce, hausgemachte Panna cotta und Tiramisu. „Alle Rezepte habe ich von meiner Mutter und meiner Oma gelernt", sagt Massimo.

DAS PERFEKTE TEAM

Seit 15 Jahren kennen sich Melanie und Massimo nun. Ebenso lange arbeiten sie zusammen. Es ist Teamwork in Perfektion. „Wenn wir zusammen sind, fühlen wir uns vollständig. Unser Job ermöglicht es uns, unser Familienleben zu genießen. Und außerdem können wir unsere Gäste mit gutem Essen beglücken", sagt Massimo. Der geplatzte Traum vom Leben in Sardinien war der Beginn ihres großen Glücks.

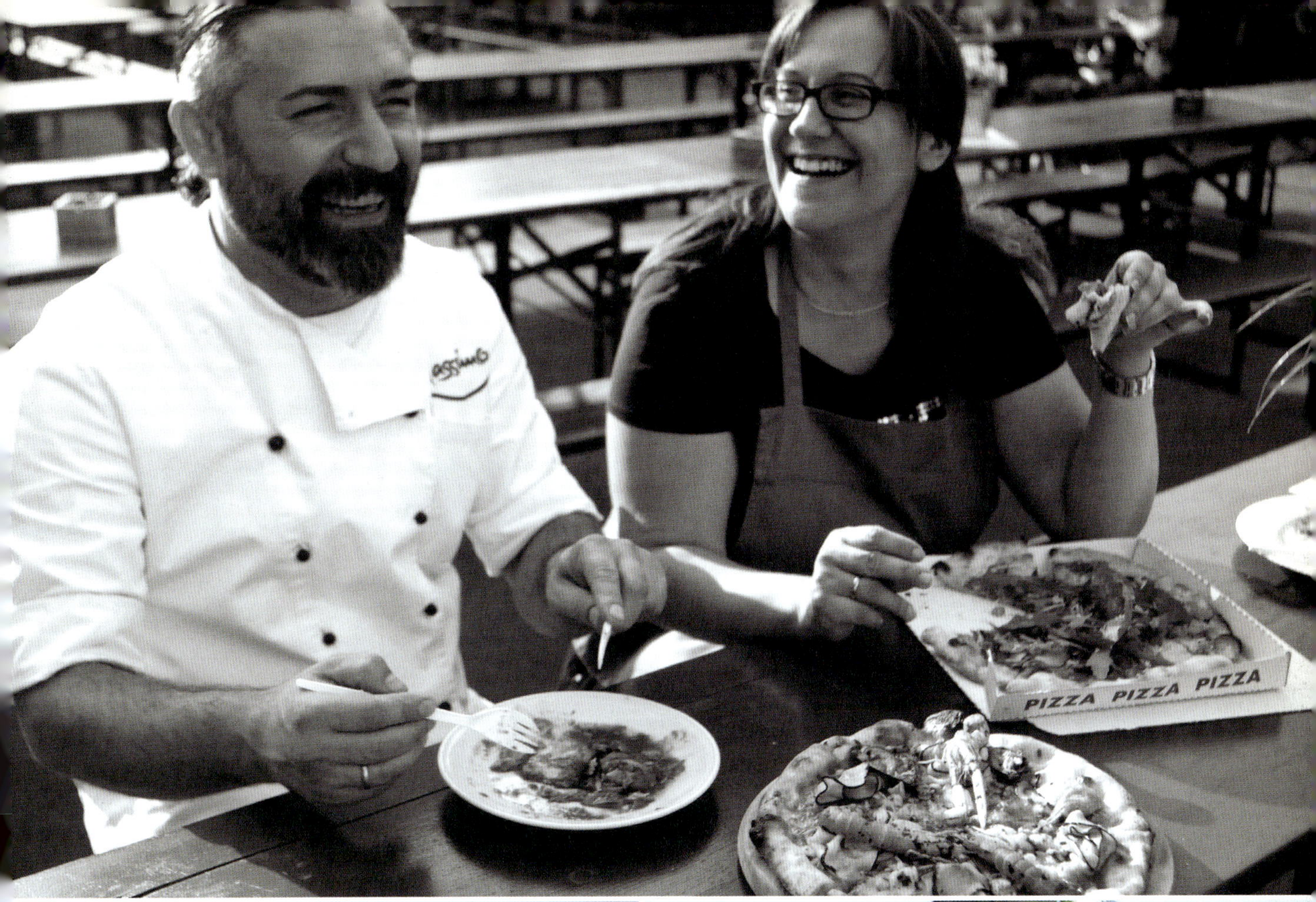
Massimo
PIZZA PIZZA PIZZA

PIZZA PIZZA

Massimo

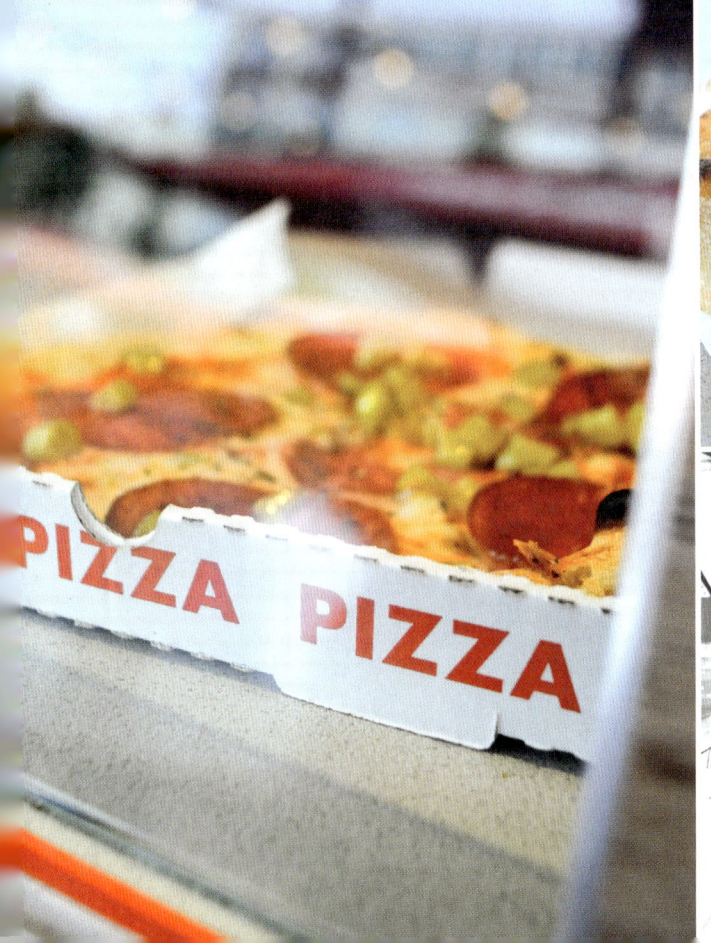

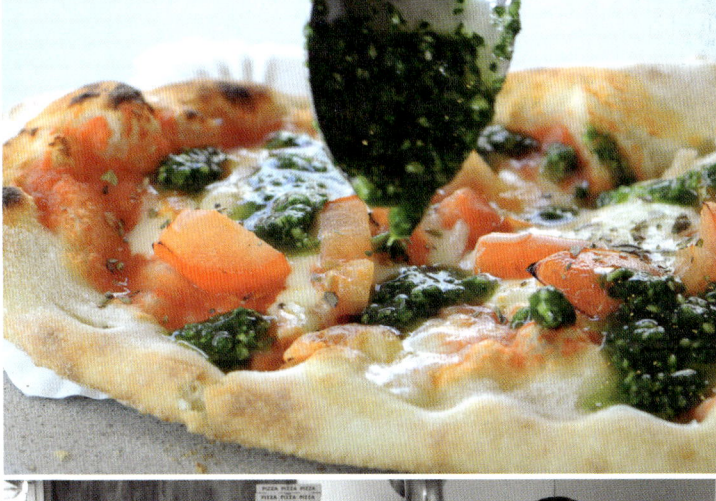

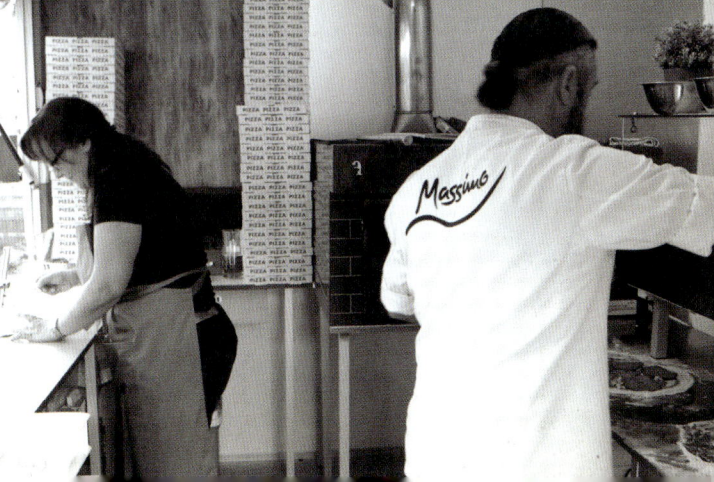

MELANZANE ALLA PARMIGIANA

FÜR 4 PORTIONEN

FÜR DAS GEMÜSE

- 3 Auberginen
- etwa 250 g Parmesan (Grana Padano)
- etwa 250 g geriebener Mozzarella
- 1–1,5 l Tomatensauce (s.u.)
- Olivenöl zum Ausbacken

FÜR DIE TOMATENSAUCE

- 1 Karotte
- 1 Zwiebel
- Olivenöl
- 1–1,5 l geschälte Tomaten
- 2–3 TL Zucker
- 2–3 TL Salz
- 4–5 Basilikumblätter, gehackt

Für die Tomatensauce die Karotte waschen und reiben. Die Zwiebel schälen, in kleine Würfel schneiden und beides in einem Topf mit etwas Olivenöl anbraten.

Die Tomaten pürieren und in den Topf geben, dann mit Zucker und Salz würzen. Aufkochen und etwa 20 Minuten auf höchster Stufe kochen lassen, dabei immer wieder umrühren. Anschließend etwa 40 Minuten auf niedriger Stufe weiterköcheln lassen und nicht vergessen, auch hier in regelmäßigen Abständen umzurühren. Die Sauce ist fertig, wenn sie zu dicklicher Konsistenz eingekocht ist. Dann das Basilikum unterrühren.

Die Auberginen waschen und in etwa 5 mm dicke Scheiben schneiden. Eine große Pfanne mit reichlich Olivenöl erhitzen und die Auberginenscheiben goldbraun darin ausbacken. Anschließend auf Küchenpapier legen, um das überschüssige Öl abtropfen zu lassen.

Den Parmesan reiben und den Mozzarella bereitstellen, dann kann es mit dem Schichten losgehen.

Etwas warme Tomatensauce auf dem Boden einer entsprechenden Form verteilen (etwa 26 cm x 18 cm x 6 cm) und mit Auberginenscheiben auslegen. Wieder etwas Sauce darübergeben und nicht zu viel Parmesan und Mozzarella aufstreuen. Eine weitere Schicht (Aubergine/Tomatensauce/Parmesan und Mozzarella) aufbringen.

Zum Schluss mit dem restlichen Käse bestreuen und bei 180 °C Umluft (200 °C Ober-/Unterhitze) 15–20 Minuten in den vorgeheizten Ofen schieben, bis der Auflauf goldbraun gebacken ist.

TIPP

Fertig geriebenen Mozzarella verwenden, denn er enthält weniger Wasser als frischer Mozzarella am Stück, so wird das Gericht nicht zu „matschig".

INVOLTINI DI ZUCCHINE

FÜR 4 PORTIONEN

Die Zucchini waschen und längs in etwa 5 mm dicke Bänder schneiden. Eine Pfanne mit etwas Olivenöl erhitzen und die Zucchinischeiben goldbraun darin ausbacken. Auf Küchenpapier legen, um das überschüssige Öl abtropfen zu lassen, anschließend erkalten lassen.

Die Petersilie waschen, hacken und mit Salz und Frischkäse verrühren. Ist die Masse zu fest, etwas Milch hinzufügen, sodass sie schön cremig wird.

Den Parmaschinken in den gleichen Maßen wie die Zucchini zurechtschneiden.

Die erkaltete Zucchini dünn mit Frischkäse bestreichen, ein Stück Parmaschinken auflegen und zusammenrollen.

TIPP

Servieren Sie die Involtini am besten mit Rucola oder Feldsalat. Dazu passt fruchtiges Olivenöl, Meersalz und ein Ciabatta.

2 mittelgroße Zucchini
Olivenöl zum Ausbacken
1 kleines Bund Blattpetersilie
1 Prise Salz
250 g Frischkäse
Milch (nach Bedarf)
150 – 200 g Parmaschinken

PIZZA-GRUNDTEIG

PIZZATEIG FÜR 4 PERSONEN

Hefe und Wasser verrühren, bis die komplette Hefe aufgelöst ist. Anschließend in eine große Rührschüssel geben. Dann etwas Mehl zugeben und gründlich mit den Knethaken des Handmixers verrühren. Wieder etwas Mehl dazugeben und nochmals verrühren. Nachdem die Hälfte des Mehls untergearbeitet wurde, das Salz dazugeben und weiterrühren. Das restliche Mehl peu à peu hinzufügen, der Teig sollte zum Schluss glatt und leicht feucht sein.

Den Teig gut mit einem feuchten Küchentuch abdecken und bei Zimmertemperatur 15 Minuten ruhen lassen. Anschließend in 4 gleich große Stücke (à etwa 180 g) teilen und zu Kugeln rollen.

Die Kugeln in eine luftdicht verschließbare Box legen. 6–8 Stunden bei Zimmertemperatur aufgehen lassen.

TOMATENSAUCE FÜR DEN BELAG
Alle Zutaten mit einem Mixstab glatt arbeiten.

ZUBEREITUNG DER PIZZA – FÜR 1 PERSON
Die Arbeitsfläche gut mit Mehl einstäuben und 1 Kugel Teig darauflegen. Die Luft mit den Fingern von innen nach außen drücken und anschließend den Teig mit den Handflächen immer weiter auseinanderziehen, bis der Teig gleichmäßig dünn ist. Dann auf ein vorgeheiztes und mit Backpapier ausgelegtes Blech legen.

2–4 EL Tomatensauce auf dem Pizzaboden verteilen. Darauf 1 Handvoll geriebenen Mozzarella und den gewünschten Belag auf der Pizza verteilen.

Den Ofen auf 250–270 °C vorheizen und die Pizza für 8–12 Minuten backen.

FÜR DEN PIZZATEIG

5 g frische Hefe
250 ml lauwarmes Wasser
500 g Mehl, Type 00
7 g Salz

FÜR DIE TOMATENSAUCE

500 g geschälte Tomaten (De Cecco oder Oro)
½ TL Salz
1 El Olivenöl

TIPP

Wer einen Pizzastein hat, kann auch diesen verwenden, aber bitte gut aufheizen, bevor die Pizza aufgelegt wird, sonst backt sie nicht gut durch.

PIZZA BOSCAIOLA

FÜR 4 PERSONEN

1 kleines Bund Petersilie
1 Knoblauchzehe
30 – 50 ml Olivenöl
 + etwas zusätzlich
 zum Anbraten
700 g frische gemischte Pilze
 nach Wunsch
Salz und frisch gemahlener
 schwarzer Pfeffer
250 g Scamorza Affumicata
 (ital. geräucherter Käse)
300 – 400 g Mozzarella
1 Bund Rucola

Die Petersilie waschen und hacken. Den Knoblauch schälen und ebenfalls hacken. Beides mit dem Olivenöl vermengen. Die Pilze putzen, klein schneiden und in wenig Olivenöl anbraten, dann mit etwas Salz und Pfeffer würzen und kurz weiterbraten. Die Olivenölmischung zu den Pilzen geben, unterrühren und abkühlen lassen.

Scamorza und Mozzarella in Scheiben schneiden. Den Rucola waschen und trocken schleudern.

Zuerst die Pilze auf den vorbereiteten Boden geben, dann mit dem Käse belegen und backen. Zum Schluss den Rucola auflegen.

Zum Backen verfahren wie auf Seite 159 beschrieben.

PIZZA COSTIERA

FÜR 4 PERSONEN

Die Zucchini waschen und in etwa 5 mm dicke Scheiben schneiden. Eine Pfanne mit etwas Olivenöl erhitzen und die Zucchini goldbraun darin anbraten. Anschließend auf Küchenpapier legen, um das überschüssige Öl abtropfen zu lassen, anschließend erkalten lassen.

Die Mies- und Venusmuscheln in einer Pfanne mit etwas Olivenöl und 2 Prisen Salz anbraten. Dann mit Wasser oder Weißwein ablöschen, einen Deckel auflegen und so lange köcheln lassen, bis sich die Muscheln öffnen. Abkühlen lassen und die obere Schalenhälfte entfernen. Die Petersilie waschen und hacken, den Knoblauch schälen und hacken und beides mit 30–50 ml Olivenöl vermengen.

Kaisergranat, Muscheln, Kalamari, Gamberi, Gamberetti und die Olivenölmischung in eine Schüssel geben und vermengen. Leicht salzen und etwa 15 Minuten durchziehen lassen.

Zum Belegen und Backen verfahren wie auf Seite 159 beschrieben.

1–2 Zucchini
30–50 ml Olivenöl + etwas zusätzlich zum Anbraten
250 g Miesmuscheln
250 g Venusmuscheln
Salz
Weißwein (optional)
1 kleines Bund Petersilie
1 Knoblauchzehe
8–12 Kaisergranat
100 g Kalamari
8–12 Gamberi mit Schale (Scampi)
100 g Gamberetti (Shrimps)
300–400 g Mozzarella, gerieben

TIRAMISU

FÜR 4 – 6 PORTIONEN

2 Eier (Größe L)
2,5 EL Zucker
1 unbehandelte Zitrone
250 g Mascarpone
etwa 500 ml Kaffee
Amaretto (nach Geschmack)
1 Pck. Löffelbiskuit
Kakaopulver

Die Eier trennen. Das Eigelb mit dem Zucker zu einer schaumigen Creme verrühren. Die Schale der Zitrone sehr fein abreiben und mit dem Mascarpone dazugeben. Alles zu einer glatten Creme verrühren. Das Eiweiß zu Eischnee schlagen und mit einem Schneebesen unter die Mascarponecreme heben.

Kaffee und Amaretto nach Geschmack miteinander mischen, in eine flache Schale geben und die Löffelbiskuits kurz (1–2 Sekunden) hineintauchen. Anschließend auf dem Boden einer entsprechenden Form (etwa 26 cm x 18 cm x 6 cm) auslegen. Die Hälfte der Mascarponecreme daraufgeben und gleichmäßig verstreichen. Eine weitere Löffelbiskuit-Mascarponecreme-Schicht aufbringen und die Cremeoberfläche zum Schluss mit Kakaopulver bestäuben.

TIPP

> Zum Tiramisu passt sehr gut ein italienischer Dessertwein (zum Beispiel Marsala) oder ein deutscher Eiswein (zum Beispiel Riesling von der Mosel). Wer keinen Alkohol mag, darf auch gerne einen Espresso dazu genießen.

{BILD AUF SEITE 222}

PANNA COTTA CON SALSA DI FRAGOLE

FÜR 4 – 6 PORTIONEN

3,5 – 4 Blatt Gelatine
1 unbehandelte Zitrone
etwa 650 ml Sahne
3,5 – 4 EL Zucker
500 g frische Erdbeeren
1 – 2 EL Zucker
Minzblättchen

Die Gelatine in einer kleinen Schüssel mit etwas kaltem Wasser einweichen.

Die Zitrone mithilfe eines Sparschälers abschälen. Dann Zitronenschale, Sahne und 2,5 EL Zucker in einem Topf aufkochen, die Gelatine aus dem Wasser nehmen, ausdrücken und in die kochende Sahnemischung rühren. Nochmals kurz aufkochen. Anschließend abkühlen lassen, dann die entstandene Haut sowie die Zitronenschale entfernen. In kleine Gefäße (z. B. Glas- oder Tonschälchen von 150 ml Inhalt) füllen und 6 – 8 Stunden im Kühlschrank fest werden lassen.

Die Hälfte der Erdbeeren mit 1 – 2 EL Zucker in ein Gefäß geben und mit einem Stabmixer pürieren. Die restlichen Erdbeeren in kleine Stücke schneiden.

Zum Servieren etwas Erdbeersauce und -stückchen auf der Panna cotta anrichten, mit ein paar frischen Minzblättchen garnieren und Buon appetito.

KAYSERI MANTI

DIE GLÜCKLICHMACHER

Wie zwei Schwestern um ihr Leben kochen – und die Welt seither mit ihren Gerichten ein bisschen besser machen.

KAYSERI MANTI

Jede Menge Schulden, hungrige Kinder und kein Job: Es waren harte Zeiten für Sükriye und Zahide. Aber die beiden Schwestern aus Kayseri in der Türkei hatten einen Traum: ein eigenes Restaurant, in dem sie ihre Gäste mit ihren Kochkünsten verwöhnen. Weil eine Ladenmiete in Hamburg zu teuer ist, nahmen sie einen Kredit auf und kauften sich einen alten Imbisswagen. Es ist der Beginn einer wundervollen Erfolgsgeschichte.

TRADITIONELLE GERICHTE

Dabei lief der Start alles andere als optimal: Der erste Einsatz mit dem neuen Truck war ein Fiasko. „Am Ende des Tages blieben für uns gerade einmal drei Euro übrig", sagt Zahide. „Keiner hat damals an uns geglaubt. Aber wir wussten, dass wir es schaffen werden." Und so kochten die beiden unbeirrt weiter. Inzwischen ist „Kayseri Manti" auf jedem Event eine Attraktion. Vor kaum einem anderen Truck ist das Publikum so gemischt wie hier. Serviert werden traditionelle türkische Gerichte. Besonders beliebt sind die namensgebenden Manti (eine Art anatolische Ravioli), die man am besten vorbestellt. Darüber hinaus gibt es Gözleme (eine Kreuzung aus Pizza Calzone und Crêpes in Schneckenform, pikant gefüllt mit Spinat, Käse oder Hack) und à la Minute gebacken, Pide in verschiedenen Varianten, Suppen und süßes Gebäck. Auf Wunsch werden alle Speisen auch vegetarisch und vegan zubereitet. Die Dürüm-Rolle zum Beispiel gibt es mit gedünstetem Hähnchen oder als vegetarische oder vegane Variante.

DIE PERFEKTE KOMBINATION

Jedes Gericht wird bei „Kayseri Manti" frisch im Truck zubereitet. Sogar der Teig wird vor den Augen der Gäste gebacken. Die meisten Rezepte haben Sürkye und Zahide von ihrer Mutter übernommen, die ihnen schon im Kindesalter das Kochen beibrachte. „Einige Rezepte aber sind Eigenkreationen", sagt Sükriye.

Sie ist die stillere der beiden Schwestern, die lieber im Hintergrund bleibt und sich mit viel Liebe zum Detail um die Zubereitung der Speisen kümmert. Zahide ist die Entertainerin, die gesegnet ist mit einem unwiderstehlichen Lächeln und die für jeden Gast ein warmes Wort oder ein Ohr übrig hat. Es ist die perfekte Kombination. „Wir sind nicht nur Schwestern, sondern auch beste Freundinnen, Seelenverwandte und ein gutes Team", sagt Zahide.

Vor Kurzem hat „Kayseri Manti" seinen fünften Geburtstag gefeiert – und die zwei Schwestern haben sich mit einem zweiten Wagen selbst beschenkt. Das Geschäft läuft gut. Reich werden wollen sie mit ihrem Essen nicht, sie wollen nur nie mehr Not leiden müssen. Das gilt auch für ihre Gäste: Übrig gebliebenes Essen etwa verteilen sie an Kirchen und Moscheen in St. Pauli. Und kann ein Kunde mal nicht zahlen, wird er eingeladen. Hauptsache, alle werden satt. „Wir kochen jeden Tag, als wäre es der letzte. Weil wir einfach lieben, was wir tun", sagt Zahide. Eine Erklärung, die es nicht gebraucht hätte. Man kann es schmecken.

{ ROTE LINSENSUPPE MIT PAPRIKAÖL }

MERCIMEK

FÜR ETWA 2 LITER

1 Bio-Suppenhuhn, geputzt
1 Bund Suppengrün, geputzt
1 Knoblauchzehe, geviertelt
1 Zwiebel, geachtelt
6 schwarze Pfefferkörner

TIPP

Eine leckere, selbst gemachte Brühe für Saucen und Suppen eignet sich auch zum Einfrieren! Am besten teilt man sie in Portionen, und gibt sie zum Beispiel in Eiswürfelformen, damit man bei Bedarf auch kleine Mengen entnehmen kann.

FÜR 6 PORTIONEN

250 g rote Linsen
1 Zwiebel
2 mittelgroße Kartoffeln
600 ml Hühnerbrühe (s.o.)
Salz
1 unbehandelte Zitrone

PAPRIKAÖL

6 EL Sonnenblumenöl
2 TL scharfes Paprikapulver

Die Vorfreude, an kalten, stürmischen Wintertagen von der Schule ins warme Zuhause zu kommen, wo ein Teller heiße, leckere Mercimek-Suppe auf einen wartet, ist eine von vielen glücklichen Kindheitserinnerungen...

GRUNDREZEPT HÜHNERBRÜHE

Zuerst das Huhn gründlich von innen und außen waschen. In einen großen Topf geben, die übrigen Zutaten darauf verteilen und mit kaltem Wasser auffüllen, sodass alles gut bedeckt ist.

Das Huhn im offenen Topf etwa 2 Stunden sanft köcheln lassen. Dann das Huhn herausheben und die Brühe durch ein feines Sieb passieren.

LINSENSUPPE

Die Linsen in ein Sieb geben, gut mit kaltem Wasser durchspülen und anschließend abtropfen lassen. So oft spülen, bis das Wasser klar bleibt.

Die Zwiebel schälen und in Stücke schneiden, die Kartoffeln ebenfalls schälen und in Würfel schneiden. Beides mit den gewaschenen Linsen in einen großen Topf geben, mit der Hühnerbrühe aufgießen und zum Kochen bringen.

Das Ganze köcheln lassen, bis die Linsen gar sind. Das sollte etwa 15 Minuten dauern.

Anschließend den Topf vom Herd nehmen und mit einem Mixstab so lange pürieren, bis die Suppe eine sämige Konsistenz hat. Nach Geschmack salzen.

Für das Paprikaöl das Sonnenblumenöl in einer kleinen Pfanne erhitzen, das Paprikapulver dazugeben und kurz unter Rühren leicht anrösten.

Die Zitrone achteln. Die Suppe in Schalen füllen, mit dem Würzöl beträufeln und mit den Zitronenspalten servieren.

{GRUNDTEIG FÜR KIYMALI BÖREK, GÖZLEME & PIDE}

GRUNDTEIG

FÜR ETWA 8 TEIGKUGELN

> Dieses Grundrezept eignet sich für die meisten unserer Teigspeisen. Am besten eine größere Menge auf einmal herstellen und gleichzeitig verschiedene Rezepte ausprobieren!

900 g Mehl
80 ml Sonnenblumenöl
20 g Salz
10 g Zucker
1 Würfel Hefe, frisch
400 ml Milch, bei Zimmertemperatur

Das Mehl in eine große Schüssel geben und in die Mitte eine kleine Mulde drücken. Das Öl, Salz und den Zucker in diese Mulde geben.

Die Hefe in die zimmerwarme Milch bröckeln, auflösen und mithilfe einer Gabel unterrühren. Diese Mischung dann zum Mehl geben und mit den Händen zu einem glatten Teig kneten. Bei Bedarf noch etwas mehr Milch hinzugeben – der Teig sollte solange geknetet werden, bis er nicht mehr an den Fingern klebt.

Den Teig anschließend mit einem Tuch abdecken und an einem warmen, trockenen Ort etwa 30 Minuten gehen lassen.

Danach den Teig in 8 Portionen aufteilen, diese zu Kugeln formen und vor dem Weiterverarbeiten kurz stehen lassen.

{ HACKSCHNECKEN }

KIYMALI BÖREK

FÜR ETWA 8 STÜCK

8 Teigkugeln (siehe Seite 175)

FÜLLUNG

4 EL Sonnenblumenöl
1 Zwiebel, klein gewürfelt
400 g Bio-Rinderhack
2 EL Tomatenmark
1/2 EL scharfes Paprikapulver
Salz
200 g Fetakäse aus Kuhmilch, 45 % Fettgehalt
1 Bio-Ei

> In unserer Kindheit begann das Wochenende immer mit dem Duft von gebackenem Börek und Pide. Schon früh am Morgen wurden wir von den Düften aus der Küche geweckt – wie wunderbar doch der erste Bissen von noch warmem Brot schmeckte!

Das Öl in einer Pfanne erhitzen und die Zwiebel kurz darin anschwitzen, das Hackfleisch dazugeben und kurz anbraten, bis es etwas Farbe angenommen hat. Dann das Tomatenmark unterrühren und mit Paprikapulver und Salz abschmecken.
Wer es nicht gerne scharf mag, kann natürlich auch mildes Paprikapulver verwenden!
Die Hackfleischmischung abkühlen lassen und erst dann den Fetakäse darüberreiben und gut miteinander vermengen.

Anschließend die Teigkugeln im Durchmesser von etwa 40 cm sehr dünn ausrollen und jeweils 3 EL der Hackfleischmischung gleichmäßig darauf verteilen. Die Teigfladen dann von unten nach oben aufrollen und diese Rolle wiederum von einer Seite zu einer Schnecke aufrollen, das Ende dabei fest andrücken.

Das Ei kurz verquirlen und die fertigen Schnecken dünn damit bestreichen. Den Backofen auf 200 °C vorheizen.

Die Schnecken auf ein mit Backpapier belegtes Backblech geben und im vorgeheizten Backofen für 15–20 Minuten backen, bis der Teig durch ist und sie leicht Farbe bekommen haben.

TIPP

> Sehr lecker schmecken die Schnecken auch mit der Spinatfüllung auf Seite 181 – außerdem kann man seinen Gästen so auch gleich eine vegetarische Variante anbieten.

{ TEIGTÄSCHCHEN MIT KNOBLAUCH-JOGHURT }

MANTI

FÜR 4 PORTIONEN

KNOBLAUCH-JOGHURT

300 g Joghurt, 10% Fettgehalt
3 EL kaltes Wasser
4 Knoblauchzehen, zerdrückt
Salz

TEIG

375 g Mehl
1 Bio-Ei

FÜLLUNG

250 g Bio-Hack vom Rind
1 Zwiebel, fein gerieben
2 TL rosenscharfes Paprikapulver
Salz und Pfeffer

BEIGABEN ZUM KOCHWASSER

1 EL Butter
1,5 EL Tomatenmark
Salz

Sumach (s.u.) zum Anrichten

Die getrockneten und gemahlenen Steinfrüchte der Sumachpflanze werden besonders in der arabischen Küche als säuerliches Gewürz für verschiedene Speisen verwendet und passen hervorragend zu den Manti.

Wir lieben diese kleinen, köstlichen Teigwaren! Unsere Mutter hat Manti als ganz besonderes Essen an Festtagen für uns zubereitet – es ist der pure Geschmack unserer Kindheit.

Zuerst den Joghurt mit Wasser, Knoblauch und Salz cremig rühren und kühl stellen.

Für den Teig das Mehl mit Ei und etwas Wasser mischen und sehr gut durchkneten, bis ein fester Teig entstanden ist. Den Teig halbieren, in eine Schüssel legen, mit einem Tuch oder Deckel abdecken und 30 Minuten ruhen lassen.

Für die Füllung Hackfleisch und geriebene Zwiebel in eine Schüssel geben. Mit Paprikapulver sowie Salz und Pfeffer würzen und alles gründlich miteinander vermengen.

Eine Arbeitsplatte mit Mehl bestäuben, darauf den Teig mit einem Nudelholz etwa 2 mm dick ausrollen. Dann Quadrate von 3 cm Kantenlänge schneiden und mit sehr wenig Mehl bestäuben, sodass sie nicht zusammenkleben.

Eines der Quadrate in die Hand nehmen, eine kleine Menge der Hackfüllung daraufgeben und anschließend über Eck zusammenklappen. Die Ränder mit dem Finger gut festdrücken, damit sie sich beim Kochen nicht öffnen. Mit dem restlichen Teig und Füllung ebenso verfahren.

Zum Kochen die Butter in einem großen Topf zerlassen, dann Tomatenmark und etwas Salz hinzugeben, kurz unter Rühren anschwitzen und mit reichlich heißem Wasser aufgießen.

Sobald das Wasser kocht, die Manti hineingeben. Achtung: In 3–5 Minuten sind sie bereits fertig. Wenn sie an die Oberfläche steigen, mithilfe einer Schaumkelle entnehmen. Den Kochsud nicht entsorgen, er wird zum Servieren benötigt.

Die Manti mit etwas von dem Kochsud in einen tiefen Teller geben, mit dem Knoblauch-Joghurt beträufeln und ganz nach Geschmack etwas Sumach aufstreuen.

{ GEFÜLLTE FLADENBROTE }

GÖZLEME

FÜR ETWA 8 STÜCK

Jedes Jahr in den Schulferien fuhren wir in unser Heimatdorf in der Türkei. Wir liebten es, wenn sich die Frauen aus dem ganzen Dorf versammelten und tagelang Brot backten – als Vorrat für den Winter. Nach getaner Arbeit gab es immer Gözleme, wir Kinder durften dabei mithelfen und unsere Fladenbrote ganz nach Geschmack selbst belegen. Unvergessliche Erinnerungen...

Für die Spinatfüllung das Öl in einer Pfanne erhitzen und die Zwiebel kurz darin anschwitzen. Dann den Spinat dazugeben und kurz rühren, bis er zusammen fällt. Mit Chiliflocken und Salz würzen. Abkühlen lassen, erst dann den Fetakäse darüberraspeln und alles gut miteinander vermengen.

Die Teigkugeln mit einem Nudelholz zu sehr dünnen „Pfannkuchen" mit einem Durchmesser von 25–30 cm ausrollen, auf der Arbeitsfläche ausbreiten und die Spinatmischung gleichmäßig auf jeweils einer Hälfte verteilen. Die andere Teighälfte darüberklappen, sodass es wie ein Halbmond aussieht und die Ränder mit den Fingern so fest zusammendrücken, dass die Teigtaschen gut verschlossen sind.

Eine beschichtete Pfanne ohne Öl stark erhitzen und die Gözleme von jeder Seite für einige Minuten anbraten, bis sie Farbe bekommen. Am besten noch heiß servieren.

8 Teigkugeln (siehe Seite 175)

FÜLLUNG

4 EL Sonnenblumenöl
1 Zwiebel, fein gewürfelt
1 kg frischer Spinat, gründlich gewaschen und abgetrocknet
1 TL Chiliflocken
Salz
200 g Fetakäse aus Kuhmilch, 45 % Fettgehalt

{ GEFÜLLTE TEIG-SCHIFFCHEN }

PIDE

FÜR 8 STÜCK

8 Teigkugeln
 (siehe Seite 175)
Spinatfüllung
 (siehe Seite 181)
Hackfleischfüllung
 (siehe Seite 176)
1 Bio-Ei

Den Teig auf einer bemehlten Arbeitsfläche nacheinander zu ovalen Fladen ausrollen. Die Füllung nach Wunsch darauf verteilen und die Fladen jeweils zu Schiffchen formen. An den Rändern gut zusammendrücken.

Das Ei kurz verquirlen und die fertigen Schiffchen dünn damit bestreichen. Den Backofen auf 200 °C vorheizen.

Die Schiffchen im Ofen für etwa 15 Minuten fertig backen, bis sie leicht Farbe bekommen haben.

TIPP

Man kann die Schiffchen natürlich auch ganz nach Geschmack zusätzlich mit Ei, Gemüse oder Ähnlichem belegen. Bei der Variante mit Spinatfüllung und Ei: Das rohe Ei erst kurz vor dem Einschieben in den Backofen vorsichtig auf die Füllung geben und anschließend fertig backen.

{BILD AUF SEITE 171}

{ BULGURSALAT }

KISIR

FÜR 4 PORTIONEN

Den Bulgur in einer Schüssel mit kochend heißem Wasser übergießen, sodass das Wasser 1–2 cm übersteht. Solange quellen lassen, bis er gar ist.

In der Zwischenzeit die fein gewürfelten Paprikaschoten und die gehackte Petersilie in eine große Schüssel geben. Dann den Bulgur hinzugeben und alles gut miteinander vermengen.

In einer kleineren Schüssel das Sonnenblumenöl mit Tomatenmark, Chiliflocken, Zitronensaft und Salz miteinander verrühren. Dieses Würzöl über die Bulgur-Paprika-Petersilien-Mischung geben und gründlich miteinander vermengen. Nach Geschmack nachsalzen oder etwas mehr Zitronensaft hinzugeben.

Den Salat vor dem Servieren abgedeckt für mindestens 30 Minuten ziehen lassen.

TIPP

> Dieser Salat eignet sich hervorragend als Grill- oder Party-Mitbringsel. Am besten daran: Man benötigt keine Teller zum Essen – einfach etwas von der Bulgurmischung auf ein grünes Salatblatt geben, zusammenklappen und hineinbeißen!

250 g Bulgur, fein (Bezeichnung: Köftelik)
½ grüne Paprikaschote, sehr fein gewürfelt
½ rote Paprikaschote, sehr fein gewürfelt
½ gelbe Paprikaschote, sehr fein gewürfelt
½ Bund glatte Petersilie, sehr fein gehackt
60 ml Sonnenblumenöl
2 EL Tomatenmark
1 TL Chiliflocken
Saft von ½ Zitrone
Salz

BUTTERKUCHEN

FÜR 1 BLECH

TEIG

- 400 g Weizenmehl
- 200 g Zucker
- 2 Pck. Vanillezucker
- 1 Pck. Backpulver
- 4 Bio-Eier (Größe M)
- 1 Prise Salz
- 200 ml Sahne
- Fett für das Backblech

BELAG

- 200 g Zucker
- 2 Pck. Vanillezucker
- 75 g Butter
- 3 EL Milch
- 200 g gehobelte Mandeln

Das Rezept für diesen leckeren Kuchen kommt von Zahide – sie hat das Rezept lange Zeit selbst vor ihrer Schwester Sükriye geheim gehalten! Jetzt teilt sie es mit euch.

Den Backofen auf 180 °C (Ober-/Unterhitze) vorheizen. Für den Teig zuerst Mehl und Zucker in eine große Rührschüssel geben. Dann Vanillezucker, Backpulver, Eier und Salz hinzugeben. Mit dem Handrührgerät kurz durchrühren, dann nach und nach die Sahne eingießen und so lange rühren, bis ein glatter Teig entsteht.
Ein Backblech fetten, den Teig darauf verteilen und glatt streichen. Im vorgeheizten Backofen etwa 10 Minuten backen.

In der Zwischenzeit Zucker, Vanillezucker, Butter und Milch in einem Topf erhitzen und unter Rühren solange aufkochen, bis sich der Zucker aufgelöst hat. Dann von der Herdplatte nehmen, die Mandelblättchen unterheben und die Masse etwas abkühlen lassen.

Die Mischung vorsichtig gleichmäßig auf dem noch heißen Teig verstreichen und bei gleicher Temperatur nochmals 12–15 Minuten backen, bis er etwas Farbe angenommen hat. Den Kuchen aus dem Ofen nehmen und auskühlen lassen.

DIE WÜRDE DES WÜRSTCHENS

Frische Zutaten und heilige Rezepte:
Wie drei Hamburger Jungs
den Hot Dog revolutionieren.

HOLY DOGS

Da haben sich drei gefunden. Tilmans Leidenschaft für frische und gute Küche wurde schon als Kind geweckt. Seine Mutter kochte täglich für die Familie – besonders gerne italienische und französische Rezepte. Hobbykoch Til arbeitete mehrere Jahre als Unternehmensberater und wollte immer schon einmal an einem Gastronomie-Konzept mitwirken. Mirco hat französische Wurzeln und ist seit dem 13. Lebensjahr überzeugter Vegetarier.

Als die drei Jungs die Pläne für einen gemeinsamen Foodtruck schmieden, geht es um die Wurst. Ihr Ansatz: Sie wollen den Hot Dog neu interpretieren. „Der Hot Dog hat nie das Ansehen genossen, das ihm zusteht. In den letzten Jahren ist er zur Billigmahlzeit in großen Möbelhäusern verkommen. Wir wollten ihm seine Würde zurückgeben. From Hot Dogs to Holy Dogs", sagt Mirco. Das Trio ist fasziniert vom großen Spielraum, den der Fast-Food-Klassiker bietet – etwa bei den verschiedenen Fleischeinlagen und den Soßen. Ein gutes Jahr planen die Männer das Projekt, testen Lieferanten und feilen an den Rezepten. Über ein Kleinanzeigenportal finden sie den geeigneten Wagen, einen Mercedes MB100 D, den sie eigenhändig ausbauen und mit knalligen Grafiken verzieren. Es ist ein Kraftakt, den sie mit Unterstützung ihrer Familien und zahlreicher Freunde meistern. Im Frühjahr 2015 ist es dann soweit: Die „Kathedrale des guten Geschmacks" geht an den Start. An Bord: die besten Hot Dogs der Republik.

SAISONAL, REGIONAL, NACHHALTIG

Gäste können zwischen fünf verschiedenen Varianten wählen: Am häufigsten wird der „Klassiker" bestellt (eine Bio-Wiener mit Ketchup, Senf, Mischsalat, im Bräter karamellisierten Schmorzwiebeln, selbst eingelegten Gurkenscheiben und hausgemachter Holy-Soße). Sehr beliebt sind auch „Santa Maria" (Bio-Beef-Roll mit Mischsalat, Avocadocreme, fruchtig-pikanter Tomaten-Salsa und Chilifäden) und der „J. C. Superstar" (Bio-Bratwurst mit Mischsalat, Gewürzgurke, Schmorzwiebeln, hausgemachter BBQ-Sauce und Bio-Specksplittern). Für Fortgeschrittene gibt es den „Italian Stallion" (Bio-Beef-Roll mit Mischsalat, hausgemachtem grünen Pesto, Deichkäse, saisonalem Grillgemüse, Rucola und Balsamico-Creme) und den „Notre Damager" (mit Bio-Beef-Rolle, Ziegenkäse, Omas-Apfel-Rosmarin-Kompott – nach Originalrezept von Tilmans Oma, Granatapfelkernen und in der Pfanne kandierten Walnüssen). Holy Dogs sind Next Level-Hot Dogs. Natürlich gibt es sie auch vegetarisch und vegan. Als Beilage servieren sie selbst gemachte Rosmarin-Kartoffeln und erfrischenden Coleslaw auf Joghurtbasis.

So international die Rezeptinterpretationen der Hot Dogs auch sind, die Zutaten kommen größtenteils aus der Region: der Salat und die Äpfel fürs Kompott wachsen im Alten Land. Die Kartoffeln – kleine Drillinge – bezieht das Trio von einem Bauern aus Lüneburg. Auch das Fleisch kommt aus der Nachbarschaft. „Wir verwenden ausschließlich Bioland-Fleisch aus dem Hamburger Umland", sagt Mirco. Für die Wahl des Lieferanten haben sie mehrere Höfe geprüft, Meinungen eingeholt und sich lange mit den Züchtern unterhalten. Ein hoher Aufwand, der sich gelohnt hat. „Nachhaltigkeit ist uns wichtig. Außerdem kann man den Qualitätsunterschied schmecken", sagt Mirco. Noch länger hat die Suche nach dem passenden Brötchen gedauert. Die werden von einem regionalen Bäcker exklusiv von Hand gerollt und nur mit natürlichen Rohstoffen und ohne Konservierungs- und Backhilfsmittel hergestellt. Am Ende passte alles zusammen. „Wir haben nun die perfekte Mischung gefunden. Dazu gehört auch, möglichst viel selbst zu machen. Wir legen die Gurken selbst ein, kochen das Kompott und rühren alle Saucen und Toppings an", sagt Mirco. Getreu ihrem Motto: „Wir glauben an guten Geschmack."

FAHRENDE VAGABUNDEN

Vor ihrer Zeit als „Holy Dogs" haben die drei Jungs bereits mehrere Jahre erfolgreich in der Gastronomie gearbeitet. Jetzt genießen sie das Trucker-Dasein: „Manchmal fühlen wir uns wie Vagabunden auf Tour. Das passt zu uns", sagt Mirco. Demnächst werden sich die Hunde vermehren: „Die Reaktionen sind überwältigend, deshalb wollen wir uns vergrößern – entweder mit einem zweiten Truck oder einem eigenen Laden", sagt Mirco.

DER KLASSIKER

FÜR 4 STÜCK

4 Bio-Wiener vom regionalen Fleischer deines Vertrauens
3 Gemüsezwiebeln
Rapsöl
Salz
Zucker
4 längliche Brötchen nach Wahl (z. B. Milchhörnchen, Laugen- oder Körnerstangen von deinem Lieblingsbäcker)
etwa 100 g fein gezupfter Mischsalat nach Wahl (z. B. Kopfsalat, Bataviasalat und Radicchio), natur oder leicht angemacht mit Essig, Öl und Salz
Ketchup
Dijonsenf
Holy-Sauce (siehe Seite 193)
Eingelegte Gurkenscheiben (siehe Seite 193)

Zuerst Holy-Sauce und Gewürzgurken zubereiten. Alle weiteren Zutaten bereitstellen, die Wiener von beiden Seiten mehrfach schräg anritzen (auch andere Muster sind erlaubt) und den Backofen auf 150 °C vorheizen.

Die Zwiebeln schälen, halbieren und die Hälften in Scheiben schneiden. Mit etwas Rapsöl in einer Pfanne bei mittlerer Hitze schmoren lassen. Nach etwa 10 Minuten mit ein wenig Salz würzen und, wenn die Zwiebeln durch das Salz das darin enthaltene Wasser abgegeben haben, etwas Zucker hinzufügen und so lange schmoren lassen, bis sie braun und zart schmelzend sind. Gegebenenfalls nochmals mit Salz und Zucker abschmecken.

Eine weitere Pfanne erhitzen und die Wiener darin anbraten und parallel dazu die Brötchen im vorgeheizten Ofen aufbacken.

Dann die Brötchen längs anschneiden und mit den Schmorzwiebeln und sowie einigen Salatblättern auslegen. Nach Belieben Ketchup und Dijonsenf dazugeben. Danach 1 Würstchen hineingeben und mit einem kräftigen Schlag Holy-Sauce bedecken. Den Hot Dog zum Abschluss mit den selbst eingelegten Gurken garnieren. Hau rein!

TIPP

Die Menge Öl muss nach Gefühl gewählt werden. Es ist wichtig, dass die Zwiebeln nicht im heißen Öl schwimmen. Schließlich sollen sie nur geschmort und nicht frittiert werden.

SAUCE & EINGELEGTE GURKEN

FÜR ETWA 1 LITER SAUCE

HOLY-SAUCE

Den Dill waschen und möglichst fein schneiden. Das Ei schälen und mit den Gewürzgurken klein schneiden. Die restlichen Zutaten, bis auf den Joghurt, in einem hohen Gefäß mithilfe eines Mixstabs glatt rühren und im Anschluss mit Dill, Ei- und Gurkenwürfeln verrühren. Den Joghurt dazugeben und nochmals glatt rühren. Sollte die Sauce zu zähflüssig sein, einfach etwas Öl und gegebenenfalls Wasser unterrühren. Zum Abschluss mit Salz, Zucker und eventuell etwas Senf nachschmecken.

½ Bund Dill
1 gekochtes Ei
½ Handvoll Gewürzgurken
125 ml Sonnenblumen- oder Rapsöl
2 TL grober Senf
3 TL Zucker
3 TL Salz
1 Msp. Currypulver
etwa 750 g Joghurt (am besten 10 % Fettgehalt)

EINGELEGTE GURKENSCHEIBEN

FÜR 1 GROSSES EINMACHGLAS

Die Gurke waschen und in feine Scheiben hobeln. Dann in ein verschließbares Gefäß füllen. Das Salz dazugeben, gut unterrühren und über Nacht ziehen lassen.

Am nächsten Tag den Dill waschen und fein schneiden, dann zusammen mit den restlichen Zutaten zu den Gurken geben. Sie sollten über Nacht Wasser gezogen haben und deshalb nun im eigenen Saft schwimmen. Alles gut vermischen und, wenn nötig, etwas Wasser hinzufügen, damit alle Gurkenscheiben bedeckt sind. Den Sud probieren und nochmals mit Salz, Zucker und Essig abschmecken.

1 unbehandelte Salatgurke (oder 2 kleine Gartengurken)
1–2 EL Salz
½ Bund Dill
3–4 EL Zucker
1 kräftiger Schuss heller Kräuteressig

TIPP

Je länger die Gurken eingelegt bleiben, desto aromatischer schmecken sie. Da sie aber nicht erhitzt werden, sollte man sie gekühlt lagern und innerhalb von 3–4 Tagen verbrauchen.

FRUCHTIG-FEURIGE TOMATEN-SALSA

FÜR ETWA 2 LITER SALSA

- 2 kg reife Tomaten (alternativ reif geerntete Tomaten aus der Dose)
- 4 Schalotten
- 4 EL Olivenöl
- 4 Piri-Piri-Chilischoten
- 4 EL Zucker
- 100 ml Limettensaft
- Salz und Pfeffer

Die Tomaten waschen und samt Schale in würfelgroße Stücke schneiden und beiseitestellen. Die Schalotten schälen, in feine Würfel hacken und in einer Pfanne in Olivenöl bei mittlerer Hitze anschwitzen. Die Tomaten dazugeben und aufkochen lassen. Die Chilischoten sehr fein hacken. Im Anschluss Zucker und die gehackten Chilis hinzufügen, die Tomatenstücke grob mit einer Gabel zerdrücken und weiter einkochen lassen, bis ein Großteil des Tomatensaftes verdampft ist. Am Ende sollte eine flüssig-stückige Masse entstehen, die sich mit einem Löffel gut über dem Hot Dog verteilen lässt. Die Salsa vom Herd nehmen und abkühlen lassen. Zum Schluss den Limettensaft unterrühren und mit Salz und Pfeffer abschmecken.

TIPP

> Die Schärfe der Chilis kann variieren. Fang' daher erst mal mit zwei Stück an, probiere und schärfe, wenn du möchtest, mit weiteren Chilis nach.

SANTA MARIA

FÜR 4 STÜCK

Alle Zutaten bereitstellen und den Ofen auf 150 °C vorheizen. Die Tomaten am Stielansatz einritzen und für 2–3 Minuten in heißes Wasser legen, anschließend häuten. Die Avocados halbieren und von Kern sowie Schale befreien. Das Avocadofleisch mit Limettensaft und etwas Salz in eine kleine Schüssel geben und mit einer Gabel zerdrücken. Die Tomaten in kleine Würfel schneiden und unter die Avocadocreme heben. Schalotten und Knoblauch schälen, dann so fein wie möglich schneiden und ebenfalls unterrühren. Die Avocadocreme mit Salz, und wenn nötig, mit etwas Limettensaft abschmecken und beiseitestellen.

Etwas Rapsöl in einer Pfanne erhitzen und die Bio-Beef-Rolls darin anbraten, bis sie die gewünschte Garstufe erreicht haben. Parallel dazu die Brötchen im vorgeheizten Ofen aufbacken.

Dann die Brötchen längs anschneiden und beide Hälften reichlich mit Avocadocreme bestreichen. Im Anschluss 1 Bio-Beef-Roll hineinlegen und mit 1 kleinen Handvoll Mischsalat belegen. 2 EL Salsa auf den Salat geben und den Hot Dog zum Abschluss mit den bereitgelegten Chilifäden garnieren. Lass es dir schmecken!

TIPP

Wer mag, hackt noch ½ Bund Koriander und mischt ihn unter den Salat. Für noch mehr Wumms kannst du die Avocadocreme auch mit fein gehackten Piri-Piri-Chilis anschärfen.

- 2 Tomaten
- 2 reife Avocados
- Saft von 1 Limette
- Salz und Pfeffer
- 2 Schalotten
- 1 kleine Knoblauchzehe
- Rapsöl
- 4 Bio-Beef-Rolls (je 100 g feines Bio-Hack vom regionalen Fleischer deines Vertrauens, mit Pfeffer und Salz gewürzt und zu festen Rollen gerollt)
- 4 längliche Brötchen nach Wahl (z. B. Milchhörnchen, Laugen- oder Körnerstangen von deinem Lieblingsbäcker)
- etwa 150 g fein gezupfter Mischsalat nach Wahl (z. B. Kopfsalat, Bataviasalat und Radicchio), natur oder leicht angemacht mit Essig, Öl und Salz
- 200 g fruchtig-feurige Tomaten-Salsa (siehe Seite 194)
- Chilifäden

NOTRE DAMAGER

FÜR 4 STÜCK

1 Handvoll Walnüsse
etwa 100 g Zucker
1 Rolle Ziegenkäse
   (bevorzugt Brie o.ä.)
1/2 Granatapfel
Rapsöl
4 Bio-Beef-Rolls (je 100 g
   feines Bio-Hack vom regionalen
   Fleischer deines Vertrauens, mit
   Pfeffer und Salz gewürzt und zu
   festen Rollen gerollt)
4 längliche Brötchen nach Wahl
   (z. B. Milchhörnchen, Laugen-
   oder Körnerstangen von deinem
   Lieblingsbäcker)
etwa 100 g fein gezupfter Mischsalat nach Wahl (z. B. Kopfsalat,
   Bataviasalat und Radicchio),
   natur oder leicht angemacht mit
   Essig, Öl und Salz
200 g Omas-Apfel-Rosmarin-
   Kompott (siehe Seite 201)

Alle Zutaten bereitstellen und den Ofen auf 150 °C vorheizen. Die Walnüsse in einer Pfanne bei mittlerer Hitze trocken anrösten, dabei nach kurzer Zeit den Zucker hinzugeben. Solange schwenken, bis der Zucker karamellisiert und die Nüsse kandiert sind. Die Nüsse dann zum Abkühlen beiseitestellen.

Den Ziegenkäse in 16 Stücke schneiden, den Granatapfel entkernen und die kandierten Walnüsse zerbröseln.

Etwas Öl in einer Pfanne erhitzen und die Bio-Beef-Rolls darin anbraten, bis sie die gewünschte Garstufe erreicht haben. Parallel dazu die Brötchen im vorgeheizten Ofen aufbacken.

Dann die fertigen Brötchen längs anschneiden und je 1 Seite des Brötchens mit 4 Stücken Ziegenkäse auslegen. Das warme Brötchen wieder zusammenklappen und, sobald der Käse etwas angeschmolzen ist, den Mischsalat daraufgeben und die Bio-Beef-Roll ebenso. Dann die Bio-Beef-Roll mit reichlich Kompott bedecken und mit Granatapfelkernen sowie kandierten Walnüssen garnieren. Fertig ist der Notre Damager – lecker!

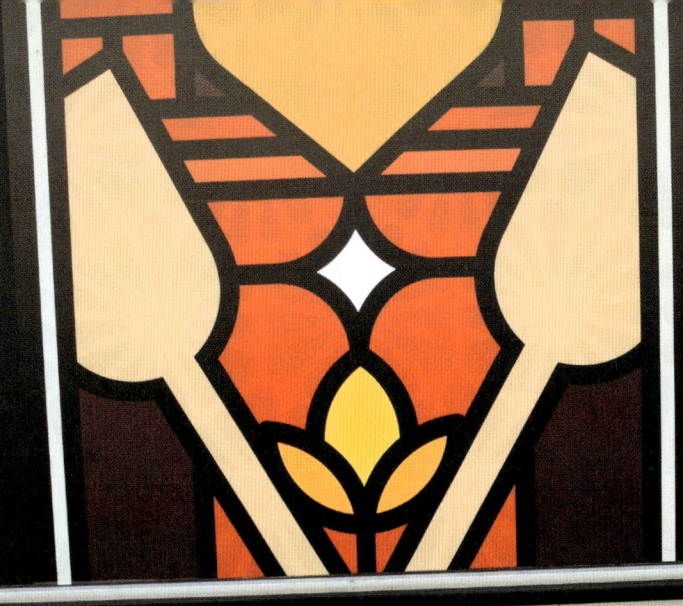

OMAS APFEL-ROSMARIN-KOMPOTT

FÜR ETWA 1 KG KOMPOTT

Die Äpfel waschen, entkernen und in würfelgroße Stücke schneiden. In einem Topf zusammen mit Wasser, Zitronensaft und Zucker einmal aufkochen. Im Anschluss die Rosmarinzweige dazugeben und weitere 10 Minuten köcheln lassen. Fertig!

TIPP

Je nach Sorte der Äpfel variiert der Geschmack. Es schadet daher nicht, das abgekühlte Kompott zum Schluss noch einmal mit etwas Zucker abzuschmecken.

- 1 kg Äpfel aus deiner Region (z. B. Sorte Elstar)
- 80 ml Wasser
- 2 TL Zitronensaft, frisch gepresst
- etwa 120 g Zucker (je nachdem wie süß die Äpfel sind)
- 3 – 4 Rosmarinzweige

KANDIERTE WALNÜSSE

FÜR 300 G KANDIERTE NÜSSE

Den Zucker in einer Pfanne bei mittlerer Hitze zum Schmelzen bringen und nur leicht anbräunen. Dann die Walnüsse zugeben, mit etwas Meersalz bestreuen und unter die Zuckermasse heben. Die Pfanne vom Herd nehmen und auskühlen lassen.

Sind die kandierten Walnüsse in der Pfanne abgekühlt, klebt die Masse an ihr fest. Die Pfanne deshalb einfach auf der niedrigsten Stufe auf dem Herd anwärmen, dann löst sich die süße Köstlichkeit ganz von alleine.

Die kandierten Nüsse sind bestens geeignet, um fruchtige Desserts, wie zum Beispiel Apfelkompott, abzurunden.

- mindestens 100 g Zucker
- 200 g Walnüsse
- Meersalz

Frau Dr. Schneider's GRILLED CHEESE WONDERLAND

MEHR ALS KÄSEBROT

Mit frischen Zutaten und kreativen Rezepten macht Helena das Sandwich zu einem wahren Geschmackserlebnis.
Die Idee dazu fand sie im Ausland.

FRAU DR. SCHNEIDER'S GRILLED CHEESE WONDERLAND

Das Sandwich spielt in Deutschland noch immer eine Nebenrolle – zum Beispiel als Frühstücks-Stulle oder als Abendbrot. Dabei kann es so viel mehr. „In anderen Ländern der Welt ist es als vollwertige Mahlzeit genauso verbreitet wie Pizza, Döner und Burger", sagt Helena. Dass das auch hierzulande bald so sein wird, davon ist sie fest überzeugt. Und sie trägt ihren Teil dazu bei. Denn die gelernte Köchin serviert ihren Gästen die besten „Grilled Cheese Sandwiches" der Welt.

Geboren wurde Helena in Wuppertal. Nach der Schule absolvierte sie in Baiersbronn im Schwarzwald eine Ausbildung zur Köchin. Im Anschluss arbeitete sie eineinhalb Jahre im Restaurant von Claus-Peter Lumpp, anschließend ging es in die Schweiz – erst nach St. Moritz, dann zu Andreas Caminada nach Fürstenau. „Zwischendurch war ich in Südafrika und Brasilien und bin dann 2012 nach London gegangen, ganz einfach, weil ich die Engländer so liebe", sagt Helena. Dort gibt sie bei Jamie Oliver Kochkurse. Zurück nach Deutschland wollte sie eigentlich gar nicht mehr. „Ich habe mich woanders immer mehr Zuhause gefühlt. Die Deutschen empfand ich einfach als zu kalt und zu unfreundlich", sagt sie. Es war ihr Bauchgefühl, das ihr dazu riet, dennoch ein Angebot aus Hamburg anzunehmen. Und es war die richtige Entscheidung: Helena findet in der Hansestadt tolle Kollegen und fühlt sich auch sonst sehr wohl in der Stadt. „Hamburg ist für mich eine gute Mischung aus Großstadt und Dorf", sagt sie. Ihr neuer Arbeitgeber ist die „Luncheonette", ein kleines Deli/Café nach Brooklyner Vorbild, das Sandwiches mit frischen Zutaten und ausgefallenen Rezepten serviert.

HERZHAFT UND EIN BISSCHEN SÜSS

Als der Laden später verkauft wird, entschließt sich Helena, ohne Chefs weiterzumachen. Erst verkauft sie mit einer Freundin Sandwiches an einem Marktstand, dann kauft sie sich einen Foodtruck. Als Namen für ihren Sandwich-Truck wählt sie „Frau Dr. Schneider´s Grilled Cheese Wonderland" – weil sie schon immer Frau Dr. Schneider genannt wurde. „Keine Ahnung, woher das kommt", sagt sie. Fest steht aber: Wie im Wunderland fühlen sich die Kunden nach dem Genuss ihrer Kreationen. Im Angebot hat sie herzhafte und süße Sandwich-Varianten. Besonders begehrt sind Klassiker wie „The Mighty Pastrami Reuben" oder „Philly Cheese Steak". Doch die Karte ist nicht in Stein gemeißelt. Helena liebt die Abwechslung, das Experimentieren und Improvisieren. So kann es vorkommen, dass sie ihre Brote zum Beispiel mit Chili con Carne und Nachos oder mit Makkaroni und Käse-Sahne-Sauce belegt. „Erlaubt ist, was schmeckt. Hauptsache, es ist mit frischen Zutaten und viel Liebe gemacht", sagt sie. Fast alles macht sie selbst. Nur das Brot – ein Roggen-Sauerteig-Brot – wird von einer Hamburger Traditionsbäckerei geliefert. Sie selbst isst am liebsten das „SuperSandwich" mit Banane, Avocado, Feta und Honig. „Das geht immer", sagt sie.

RICHTIG GUTES BROT

3 EL Roggenmehl
3 EL handwarmes Wasser

> Ohne richtig gutes Brot geht es nicht! Alle meine Rezepte an Toastbrot aus dem Supermarkt zu verschwenden, wäre einfach ein Jammer. Daher zeige ich euch hier ein Rezept für richtig gutes Sauerteigbrot. Dieses Rezept ist nicht besonders schwierig, braucht aber etwas Zeit und ein wenig Übung. Falls es beim ersten Mal noch nicht perfekt ist, versucht es einfach ein zweites und ein drittes Mal…das wird schon!

STARTER-SAUERTEIG

Für einen Starter-Sauerteig mischt man einfach Mehl und Wasser zu etwa gleichen Teilen, sodass ein recht flüssiger Teig entsteht. Diesen lässt man für etwa 30 Minuten an einem warmen Ort stehen, gerne auch im Freien. Anschließend abdecken und bei Zimmertemperatur aufbewahren. In der Luft vorhandene freie Hefen können nun aktiv werden. Jeden Tag 1 EL Mehl und 2 EL Wasser zugeben und gut verrühren, um den Hefen Futter zu geben. Nach einer Woche sollte sich ein milder, säuerlicher Geruch entwickelt haben – riecht der Starter-Sauerteig unangenehm sauer oder nach Essig, muss man von vorne beginnen.

Von diesem Starterteig 2 EL abnehmen und mit 1 EL Roggenmehl und 1 EL Wasser in ein Schraubdeckelglas geben. So hält sich der Starter-Sauerteig ewig und kann für das nächste Mal verwendet werden.

Traditionsreiche Bäckereien haben in der Regel einen Starterteig, der Jahrzehnte alt ist. Meine selbst gezogene Sauerteig-Kultur "Simon the sourdough" habe ich aus England mitgebracht, er zieht also auch schon ein paar Jahre mit mir um.

Um den Starter-Sauerteig wieder aufzuwecken, das Glas aus dem Kühlschrank nehmen, 1 EL Mehl und 2 EL warmes Wasser dazugeben, zu pfannkuchenteigartiger Konsistenz verrühren und an einem warmen Ort etwa 8 Stunden stehen lassen. Dabei immer wieder kleine Mengen Mehl und Wasser zugeben. Nach einigen Stunden sollte der Teig sichtbar schäumen und angenehm säuerlich riechen.

TIPP

> Natürlich kann man auch einfach eine fertige Sauerteig-Kultur aus dem Supermarkt verwenden – ich finde es jedoch deutlich befriedigender, wenn man tatsächlich bei Null anfängt.

SAUERTEIGBROT

FÜR 1 BROTLAIB

VORTEIG

Den aufgeweckten Starterteig mit 350 ml handwarmem Wasser und 350 g Roggenmehl mischen. Mit Frischhaltefolie oder einem feuchten Küchentuch abgedeckt an einem warmen Ort (24–30 °C) gute 12 Stunden reifen lassen.

HAUPTTEIG

Am nächsten Morgen die Hefe in 550 ml handwarmem Wasser auflösen und mit dem Vorteig, dem restlichen Mehl sowie Salz zu einem glatten Teig verkneten. Am besten und einfachsten geht das natürlich mit einer Küchenmaschine. Da Roggenmehl nicht sehr viel Gluten enthält, ist es wichtig, dass man den Teig gute 15 Minuten kräftig durchknetet.

Gluten, das Klebereiweiß im Getreide, wird immer dann aktiviert, wenn man glutenhaltiges Mehl mit Flüssigkeit mischt. Es gibt dem Brot seine Elastizität und Stabilität. Mit anderen Worten sorgt es für eine feine Krume und knusprige Kruste. Knetet man den Teig nicht lange genug, wird das Brot bröckelig und lässt sich nur schwer in schöne Scheiben schneiden.

Den Teig abgedeckt 30 Minuten ruhen lassen. Anschließend den Teig auf einer mit Mehl bestäubten Arbeitsfläche zu einem Laib formen. Eine flache Schüssel mit einem Küchentuch auslegen und mit Mehl bestäuben, den Laib in die Schüssel legen und abgedeckt bei Zimmertemperatur auf die doppelte Größe aufgehen lassen.

Den Backofen auf 250 °C vorheizen. Das Brot aus der Schüssel auf ein Blech stürzen und in den Ofen schieben. Zusätzlich kann man noch ein extra Blech auf den Ofenboden stellen. Wenn der Ofen vorgeheizt ist, gießt man ein großes Glas Wasser darauf und schiebt das Brot sofort in den Ofen. Der so entstehende Wasserdampf lässt das Brot ein wenig mehr aufgehen und sorgt für eine besonders schöne Kruste.

Das Brot etwa 40 Minuten backen oder bis es sich bei leichtem Klopfen auf die Unterseite hohl anhört.

{BILD AUF SEITE 208}

Zutaten:

- 50 g Starter-Sauerteig (siehe linke Seite)
- 900 ml handwarmes Wasser
- 900 g Roggenmehl
- 15 g Hefe
- 450 g Weizenmehl
- 30 g Salz

TIPP

Der Teig wird euch wahrscheinlich eher klebrig vorkommen; hier auf keinen Fall mehr Mehl dazugeben, das würde das fertige Brot trocken und kompakt machen, da man ja so das Verhältnis von Hefe, Sauerteig und Mehl verändert.

THE MIGHTY PASTRAMI REUBEN

FÜR 4 SANDWICHES...MINDESTENS

4 kg Rinderbrust

FÜR DIE PÖKELLAKE

120 g Nitritpökelsalz
240 g Salz
40 g brauner Zucker
160 g Zucker
40 g Honig
1 TL Koriandersamen
1 TL Wacholderbeeren
2 Lorbeerblätter
1 TL Pimentkörner
1 TL Pfefferkörner
1 TL Senfkörner
2 Chilischoten, getrocknet
1 Zimtstange
5 Knoblauchzehen, angedrückt

FÜR DIE GEWÜRZKRUSTE

4 EL schwarzer Pfeffer, grob gemahlen
2 EL Koriander, gemahlen
2 EL Koriandersamen, ganz
2 EL weißer Pfeffer, gemahlen
4 EL geräuchertes Paprikapulver
2 EL grobes Salz
2 EL Senfpulver
1 EL Knoblauchpulver
1 EL Cayennepfeffer

Die Mutter aller Sandwiches. Ich wurde auf kein Sandwich so oft angesprochen, wie auf dieses.
Bei Pastrami handelt es sich um gepökelte und geräucherte Rinderbrust. Diese Zubereitung zur Verlängerung der Haltbarkeit des Fleisches ist vermutlich rumänischen Ursprungs und wurde über die jüdische Küche in die USA gebracht, wo es inzwischen sehr populär geworden ist. Und weil es hierzulande offensichtlich nirgendwo Pastrami zu kaufen gibt, kommt im Folgenden ein Rezept, wie man Pastrami – zumindest in einer vereinfachten Variante, für die man weder Profiküche noch -zubehör braucht – zu Hause herstellen kann.
Ich gebe zu, dass dieses Rezept dennoch etwas aufwändig ist, wenn man tatsächlich nur 4 Sandwiches machen will. Deshalb empfehle ich, wenn man sich schon die Mühe macht, selbst Pastrami herzustellen, gleich eine größere Menge zuzubereiten und alle Freunde einzuladen. Damit sich der Aufwand also lohnt, nehme ich ein großes Stück Rinderbrust. Nach Bedarf kann das Rezept auch entsprechend heruntergerechnet werden. Pökelsalz bekommt ihr beim berühmten "Metzger eures Vertrauens" oder im Internet.

PASTRAMI

Für die Pökellake alle Zutaten in 1,5 l heißem Wasser auflösen und nochmals mit der gleichen Menge kalten Wassers herunterkühlen. In einem ausreichend großen, luftdicht verschließbaren Behälter die Rinderbrust mit der Lake übergießen und mit einem Teller o. ä. beschweren, sodass das Fleisch komplett von Lake bedeckt ist. Das Fleisch für mindesten 5 Tage pökeln – pro Zentimeter Dicke des Fleischstücks kommt ein zusätzlicher Tag hinzu. Nach Ablauf der Pökelzeit das Fleisch aus der Lake nehmen und über Nacht abtrocknen lassen.

Alle Zutaten für die Gewürzkruste miteinander mischen und das Fleisch damit bestreuen. Hier ist es wichtig, dass tatsächlich die gesamte Oberfläche des Fleisches bedeckt ist; die Gewürze leicht andrücken, damit alles gut daran haftet. Dann das Fleischstück so eng wie möglich

dreimal in Alufolie einpacken, damit weder Dampf noch Fleischsaft austreten können. Das „Paket" auf einem Backblech platzieren (idealerweise so, dass die Seite mit dem Fett oben liegt) und im Backofen bei 100 °C 6 Stunden garen.
Am besten wieder über Nacht in der Folie auskühlen lassen, auspacken und nochmals für mehrere Stunden abtrocknen lassen. Anschließend kann das Fleisch aufgeschnitten werden.

1000-ISLAND-SAUCE

Alle Zutaten miteinander verrühren und abschmecken.

Zur Fertigstellung des Sandwiches 1 Scheibe richtig gutes Brot mit etwa 1 EL der 1000-Island-Sauce bestreichen. Diese großzügig mit dünn aufgeschnittener Pastrami, Sauerkraut, Gurkenscheiben und Comté belegen. Obendrauf kommt eine zweite Scheibe Brot.
Wer keinen Sandwichgrill hat, kann das Sandwich einfach mit etwas Butter bei niedriger Hitze in einer Pfanne von beiden Seiten braten, bis es von außen goldbraun und knusprig und der Käse geschmolzen ist.

TIPP

Eine schöne Variante: 1000-Island-Sauce und Sauerkraut durch Coleslaw ersetzen – so wird das Sandwich zum sogenannten Colestrami.

{BILD AUF SEITE 209}

FÜR DIE 1000-ISLAND-SAUCE

2 EL gute Mayonnaise, vorzugsweise selbst gemacht
2 EL saure Sahne, Schmand oder griechischer Joghurt
Salz und Pfeffer
1 EL Ketchup
1 TL Dijonsenf
1 TL scharfe Sauce (z. B. Sriracha)
2 grüne Oliven, gehackt
½ Salz-Dill-Gurke, fein gewürfelt
½ gekochtes Ei, gewürfelt
Abrieb und Saft von ½ unbehandelten Orange

PRO SANDWICH BENÖTIGT IHR AUSSERDEM NOCH

ein paar Scheiben Käse, insgesamt etwa 350 g Comté

ZUSÄTZLICH

250 g Sauerkraut
2 Salz-Dill-Gurken, in dünne Scheiben geschnitten

BACON JAM GRILLED CHEESE

FÜR 4 SANDWICHES
... MINDESTENS

500 g Speck, gewürfelt
500 g Zwiebeln, gewürfelt
250 g brauner Zucker
375 ml Apfelessig

PRO SANDWICH BENÖTIGT IHR AUSSERDEM

ein paar Scheiben Käse, etwa 400 g Cheddar
Jalapeñoscheiben

Ein großartiges Sandwich. Das Bacon Jam eignet sich aber selbstverständlich auch hervorragend zum Verschenken oder auch als „Kick" auf einem Burger.

BACON JAM

Ich verwende für dieses Sandwich am liebsten einen milden irischen Cheddar; durch die Süße des Bacon Jam passt aber auch einer reiferer, kräftigerer Käse, wie zum Beispiel Montgomery´s Cheddar ganz hervorragend.

In einem ausreichend großen Topf den Speck ohne Zugabe von Fett langsam auslassen. Sobald er beginnt, knusprig zu werden, die Zwiebeln dazugeben und langsam glasig garen. Dann den braunen Zucker dazugeben und schmelzen lassen. Mit Apfelessig ablöschen und einkochen lassen, bis die gewünschte Konsistenz erreicht ist. Dies dauert etwa 20 Minuten – wie beim Marmeladekochen.

Zum Schluss schmecke ich das Bacon Jam mit einer geheimen Gewürzmischung aus gemahlenem Kreuzkümmel, Chili, Oregano, Pfeffer und bei Bedarf etwas Salz ab.
Am besten füllt ihr das Bacon Jam noch heiß in Gläser ab; so hält es sich ungeöffnet mindestens 2 Wochen im Kühlschrank – wenn es nicht vorher aufgegessen wird.

Zur Fertigstellung des Sandwiches jeweils 2 Scheiben richtig gutes Brot großzügig mit Käse belegen. Auf einer Seite einen großen Löffel Bacon Jam verteilen. Nach Belieben könnt ihr zusätzlich ein paar Scheiben eingelegte Jalapeños darauflegen. Die zweite Scheibe Brot kommt obendrauf.

Wer keinen Sandwichgrill hat, kann das Sandwich einfach mit etwas Butter bei niedriger Hitze in einer Pfanne von beiden Seiten braten, bis es von außen goldbraun und knusprig und der Käse geschmolzen ist.

{DEFINITIV EINES MEINER FAVORITEN}

CURRIED CAULIFLOWER & KIMCHI GRILLED CHEESE

FRAU DR. SCHNEIDER'S GRILLED CHEESE WONDERLAND

FÜR 4 SANDWICHES...MINDESTENS

FÜR DIE BÉCHAMELSAUCE

- 250 ml Sahne
- Salz und Pfeffer
- 1 TL Kurkuma, gemahlen
- 100 g Cheddar, gerieben

FÜR DAS BLUMENKOHL-CURRY

- neutrales Pflanzenöl
- 1 EL schwarze Senfkörner
- 1 rote Zwiebel, in feine Streifen geschnitten
- 1 Blumenkohl, in kleine Röschen zerteilt
- 1 TL Kurkuma, gemahlen
- 1 TL Koriander, gemahlen
- 1 TL Kreuzkümmel, gemahlen
- 1 Stück Ingwer (2 cm), in feine Würfel geschnitten
- 2 Knoblauchzehen, gehackt
- 2 grüne Chilischoten, gehackt
- Salz

PRO SANDWICH BENÖTIGT IHR AUSSERDEM NOCH

- ein paar Scheiben Käse, insgesamt etwa 400 g Cheddar
- 1 Glas Kimchi

BÉCHAMELSAUCE

Die Sahne in einem Topf langsam erwärmen, mit Salz, Pfeffer und Kurkuma kräftig würzen. Nach und nach den Käse in die Sahne einrühren. Nochmals abschmecken.

BLUMENKOHL-CURRY

In einem Topf etwas Öl erhitzen, die Senfkörner dazugeben und warten, bis sie platzen. Anschließend die Zwiebelstreifen dazugeben und bei niedriger Temperatur langsam glasig garen. Sobald sie anfangen zu bräunen, den Blumenkohl und die restlichen Zutaten hinzufügen und garen. Gelegentlich umrühren und gegebenenfalls ein wenig Wasser angießen, damit die Gewürze nicht verbrennen.
Natürlich kann man statt der Gewürze auch einen guten Löffel Currypaste verwenden.

Dann die Béchamelsauce dazugeben und gut vermischen, damit alle Blumenkohlröschen von der Sauce umschlossen sind. Zum Abkühlen die Blumenkohl-Curry-Käse-Masse auf ein Blech streichen und kalt stellen. Beim Erkalten wird der Käse wieder fest, sodass man das Ganze in brotscheibengroße Rechtecke schneiden kann.

Zur Fertigstellung des Sandwiches jeweils 2 Scheiben richtig gutes Brot großzügig mit Käse belegen. Dann ein Blumenkohl-Curry-Rechteck in der Mitte platzieren und nach Belieben mit Kimchi belegen. Die zweite Scheibe Brot kommt obendrauf.

Wer keinen Sandwichgrill hat, kann das Sandwich einfach mit etwas Butter bei niedriger Hitze in einer Pfanne von beiden Seiten braten, bis es von außen goldbraun und knusprig und der Käse geschmolzen ist.

CLASSIC MELTED ONION GRILLED CHEESE

FÜR 4 SANDWICHES...MINDESTENS

FÜR DIE BÉCHAMELSAUCE

- 250 ml Sahne
- Salz und Pfeffer
- Muskatnuss
- 2 EL Dijonsenf
- 100 g geriebener Käse

FÜR DIE KARAMELLISIERTEN ZWIEBELN

- 800 g Gemüsezwiebeln
- 50 g Butter
- Salz und Pfeffer
- 50 g brauner Zucker
- 80 g Balsamicoessig

Ein klassisches Grilled Cheese Sandwich – vegetarisch, aber eigentlich fällt auch gar nicht auf, dass kein Fleisch dabei ist.

BÉCHAMELSAUCE

Die Sahne in einem Topf langsam erwärmen, mit Salz, Pfeffer und Muskatnuss kräftig würzen; den Senf dazugeben und nach und nach den Käse in die Sahne einrühren. Nochmals abschmecken.

An dieser Stelle muss die Sauce unter Umständen einmal kurz mit dem Stabmixer aufgemixt werden, denn durch die Säure im Senf kann es passieren, dass die Sahne anfängt zu gerinnen – das macht zwar nichts, sieht aber nicht besonders hübsch aus.

Für die Sauce einfach den Lieblingskäse verwenden – er sollte nicht zu mild und nicht zu kräftig sein. Ansonsten empfehle ich eine Mischung aus Parmesan und mittelaltem Gouda.

KARAMELLISIERTE ZWIEBELN

Die Zwiebeln schälen und in feine Streifen schneiden. Eine große Pfanne bei mittlerer Hitze auf den Herd stellen, die Butter hineingeben und die Zwiebeln darin unter ständigem Rühren langsam garen. Die Zwiebeln sollten langsam und gleichmäßig garen, sodass sie glasig werden und der in den Zwiebeln enthaltene Zucker langsam karamellisiert. Hierfür braucht man etwas Geduld.

Sobald die Zwiebeln anfangen zu bräunen, mit Salz und Pfeffer würzen, den braunen Zucker dazugeben und diesen langsam karamellisieren lassen. Sobald die Zwiebeln eine gleichmäßig goldbraune Farbe angenommen haben, mit Balsamicoessig ablöschen und einkochen lassen. Nochmals abschmecken und nach Belieben mehr Zucker oder Essig zugeben.

Für dieses Sandwich verwenden wir unsere Spezial-Käsemischung, die zu gleichen Teilen aus geriebenem mittelaltem Gouda, Raclette-Käse und Mozzarella besteht. Diese Mischung schmilzt hervorragend und schmeckt kräftig nach Käse, aber nicht zu stark. Durch den Mozzarella zieht es außerdem optimal Fäden – sehr wichtig für das Gesamterlebnis. Selbstverständlich kann aber auch der persönliche Lieblingskäse verwendet werden.

Zur Fertigstellung des Sandwiches jeweils 2 Scheiben richtig gutes Brot mit der Béchamelsauce bestreichen, dann die karamellisierten Zwiebeln auf einer Seite verteilen und alles großzügig mit Käse bestreuen. Die zweite Scheibe Brot kommt obendrauf.

Wer keinen Sandwichgrill hat, kann das Sandwich einfach mit etwas Butter bei niedriger Hitze in einer Pfanne von beiden Seiten braten, bis es von außen goldbraun und knusprig und der Käse geschmolzen ist.

REST IN CHEESE

PIERRE BRIE

100%

Cheesy going.

BACON MAC'N CHEESE GRILLED CHEESE

FÜR 4 SANDWICHES ... MINDESTENS

Kohlenhydrate mit Kohlenhydraten in Käse-Sahne-Sauce mit Käse überbacken – wenn das nicht glücklich macht...

KÄSE-SAHNE-SAUCE MIT BACON

Die Maccaroni bissfest garen und abschrecken. In einem Topf den Speck bei mittlerer Hitze auslassen. Sobald dieser anfängt zu bräunen, die Zwiebel dazugeben und langsam glasig dünsten. Speck und Zwiebel herausnehmen und im selben Topf die Sahne erwärmen; den geriebenen Käse nach und nach einrühren und mit Senf, scharfer Sauce sowie Salz und Pfeffer kräftig würzen. An dieser Stelle muss die Sauce unter Umständen einmal kurz mit dem Stabmixer aufgemixt werden, denn durch die Säure im Senf kann es passieren, dass die Sahne anfängt zu gerinnen – das macht zwar nichts, sieht aber nicht besonders hübsch aus.

Dann Speck und Zwiebeln wieder dazugeben und nochmals abschmecken. Die Sauce sollte fast ein wenig überwürzt sein, da die Nudeln einiges aufsaugen. Die Maccaroni dazugeben und gut durchmischen, damit die Sauce die Nudeln vollständig umgibt und auch nach innen läuft. Zum Abkühlen die Käse-Sahne-Maccaroni-Mischung auf ein Blech streichen und kalt stellen. Beim Erkalten wird der Käse wieder fest, sodass man das Ganze in brotscheibengroße Rechtecke schneiden kann.

Zur Fertigstellung des Sandwiches jeweils 2 Scheiben richtig gutes Brot großzügig mit Käse belegen. Dann platziert ihr ein Mac'n Cheese-Rechteck in der Mitte und die zweite Scheibe Brot obendrauf.

Für dieses Rezept verwende ich eine Mischung aus Blauschimmelkäse und Cheddar – keine Angst vor Blauschimmelkäse! In diesem Rezept braucht man einen kräftigen Käse für den Geschmack. Das von vielen Leuten als unangenehm kräftig empfundene Aroma von Blauschimmelkäse wird von der Sahne-Maccaroni-Mischung abgemildert.
Natürlich kann man den Bacon auch weglassen oder durch eine große Handvoll blanchierter Brokkoli-Röschen ersetzen.

FÜR DIE KÄSE-SAHNE-SAUCE MIT BACON

200 g Maccaroni
80 g Speck, gewürfelt
1 Gemüsezwiebel, gewürfelt
250 ml Sahne
100 g geriebener Käse
1 EL Dijonsenf
1 EL scharfe Sauce
 (z. B. Sriracha)
Salz und Pfeffer

PRO SANDWICH BENÖTIGT IHR AUSSERDEM NOCH

ein paar Scheiben Käse,
insgesamt
etwa 400 g Cheddar

Wer keinen Sandwichgrill hat, kann das Sandwich einfach mit etwas Butter bei niedriger Hitze in einer Pfanne von beiden Seiten braten, bis es von außen goldbraun und knusprig und der Käse geschmolzen ist.

Dank

DANKE!

Ein ganz großes Danke von Herzen an alle Truck-Betreiber – es war eine tolle Zeit mit euch! Danke, dass ihr mir den Einblick in eure besondere Welt ermöglicht habt und für euer Vertrauen!

Besonderer Dank an die Programmleiterin, Bruni Thiemeyer, die für mich immer ansprechbar war – mit Kopf und Herz! Und mir die Freiheit in meiner Fotografie gelassen hat. Die Zusammenarbeit mit dem gesamten Verlags-Team war einfach grandios! Danke!

Danke an Jochen Manske von der „Lunch-Karawane", der mit sehr viel Engagement meine Arbeit an diesem Buch unterstützt hat.

Großer Dank gebührt auch Marion Schreiber, für die Gestaltung des Buches und ihre wunderbaren Ideen dazu.

Sebastian Meissner danke ich sehr für seine schönen Worte, die das Buch bereichert haben.

Danke an Julia Bauer, die Lektorin des gesamten Buches und an Stephan Dürr für die Endkorrekturen – für ihre tolle und detaillierte Arbeit!

Danke auch an Jochen Bohnsack (Geschäftsführer, Spielbudenplatz Hamburg) für seine Unterstützung.

Von Herzen auch ein ganz großes Danke an Torsten Kutschke und Rolf Schade – ohne Euch, wäre dieses Buch vielleicht nie entstanden!

Die Kreativen

MARION SCHREIBER ist Kommunikationsdesignerin und hauptsächlich im Printbereich tätig. Das Gestalten von Kochbüchern bereitet ihr besonders große Freude, da Kulinarisches für sie auch immer für die Begegnung von Kulturen, Vielfalt, Genuss und Experimentierfreude steht.

ELISSAVET PATRIKIOU arbeitet seit über 20 Jahren als freie Autorin und Fotografin. Sie hat sich auf Foodfotos und Kochbücher spezialisiert. Die Arbeit am Buch „Lunch-Karawane" brachte ihr viele schöne Begegnungen mit spannenden Menschen. Das war ihr wichtig, denn sie speist ihre Kreativität aus ihrer Empathie für Menschen, aus einem untrüglichen Blick für das Schöne und Außergewöhnliche und aus dem Willen, etwas Besonderes zu schaffen.

SEBASTIAN MEISSNER ist Kommunikationswissenschaftler, Journalist und Autor. Mit seinen Reportagen hat er schon viele Kochbücher verfeinert. An der Foodtruck-Szene gefallen ihm besonders die originellen Typen und die vielfältige Küche abseits des Bekannten.

Alle Rechte vorbehalten.
Nachdruck, auch auszugsweise, sowie Verbreitung durch Fernsehen, Film und Funk, durch Fotokopie, Tonträger oder Datenverarbeitungsanlagen jeder Art nur mit schriftlicher Genehmigung des Verlags gestattet.

GESTALTUNG UND SATZ: Marion Schreiber, Hamburg
LEKTORAT: Redaktionsbüro Küchenzeile, Julia Bauer, Berlin
FOTOGRAFIE: Elissavet Patrikiou, Hamburg
TEXT: Sebastian Meißner, Hamburg

ISBN 978-3-87515-410-8

© 2016 Matthaes Verlag GmbH, Stuttgart – Ein Unternehmen der dfv Mediengruppe

Printed in Germany

Die Rechte der Rezepte liegen bei den einzelnen Foodtrucks: Beet in the Box, Frau Dr Schneider's Grilled Cheese Wonderland, Hackbaron, Holy Dogs, Kayseri Manti, Kiezküche, Kiezwagen Blank, Massimos Pizzamobil, Mexiko-Straße, Pani Smak, Soul Food Truck, Vincent Vegan

Rezeptregister

Avocadocreme	29
Bacon Jam Grilled Cheese	213
Bacon Mac´n Cheese Grilled Cheese	219
Baiserkuchen	130
Bánh mì mit Curry-Kokos-Huhn	87
Bánh mì mit marinierter Rinderhüfte	84
Barszcz	127
Bigos	123
Blueberry Blitz – Unser kleiner Cupcake	61
Butterkuchen	184
Caesar Salad	79
Café au lait „New Orleans Style"	148
Classic Melted Onion Grilled Cheese	216
Curried Cauliflower & Kimchi Grilled Cheese	214
Der Klassiker	190
Elotes	111
Fighting Irish Burger	70
Fleisch „Poor Boy" (Sandwiches)	136
Fruchtig-feurige Tomaten-Salsa	194
Gözleme	181
Grundteig für Teigspeisen	175
Grüner Kartoffelsalat	19
Guacamole	106
Hells Kitchensandwich	69
Hummus-Avocado-Sandwich mit rotem Brot	29
Involtini di zucchine	157
Jambalaya	144
Kandierte Walnüsse	201
Kisir	183
Kiymali Börek	176
Klassisches Tiramisu	96
Lachsburger	91
Manti	178
Melanzane alla parmigiana	154
Mercimek	172
Mohnkuchen à la Áli	44
Nicht-Mamas Kartoffelsalat	24
Notre Damager	198
Omas Apfel-Rosmarin-Kompott	201
Panna cotta con salsa di fragole	166
Pide	182
Pierogi mit Paprika	121
Pierogi mit Sauerkraut und Steinpilzen	124
Pikante Karotten-Süßkartoffel-Suppe mit Orange	25
Pizza Boscaiola	160
Pizza Costiera	163
Pizza-Grundteig	159
Prawn Étouffée	143
Quark-Tiramisu mit Beeren-Ragout	96
Quesadillas Caseras de Frijoles Refritos	114
Quinoa-Salat mit Räuchertofu à la Felix	40
Rote-Bete-Creme	29
Rote-Linsen-Salat mit Aprikosen & Rucola und Gurken-Minz-Dressing	20
Rotkohl mit Feldsalat, Apfel, Walnüssen & Parmesan	16
Salat „Superfood Warrior"	55
Salsa de Cacahuate	113
Santa Maria	197
Sauce & Eingelegte Gurken	193
Sauce Bolognese	76
Sauerteigbrot	206
Selbst gebackenes Rote-Bete-Brot	22
Smoothie "Ahoi, Popeye!"	51
Smoothie „Berry Bomb"	52
Soul Salad Cheese	141
Sunshine-„Souper"-Star	56
Süßkartoffel-Pommes mit nussigem Ziegenfrischkäse	94
Tacos de Cecina	105
Tacos de Cochinita Pibil	102
The Baron Sandwich	74
The Mighty Pastrami Reuben	210
Tiramisu	164
Vegane Bollywood-Bowl	59
Vincent-Vegan-Burger	37
Whiskey-Schoko-Muffins	147
Zucchini-Bread mit Creme-Topping & Hagebuttenpulver	30
Zurek	129